나, 100% 사용법

나, 100% 사용법

초판 1쇄 인쇄 _ 2020년 8월 10일
초판 1쇄 발행 _ 2020년 8월 15일

지은이 _ 노경섭

펴낸곳 _ 바이북스
펴낸이 _ 윤옥초
책임 편집 _ 김태윤
책임 디자인 _ 이민영

ISBN _ 979-11-5877-186-7 03190

등록 _ 2005. 7. 12 | 제 313-2005-000148호

서울시 영등포구 선유로49길 23 아이에스비즈타워2차 1005호
편집 02)333-0812 | **마케팅** 02)333-9918 | **팩스** 02)333-9960
이메일 postmaster@bybooks.co.kr
홈페이지 www.bybooks.co.kr

책값은 뒤표지에 있습니다.
책으로 아름다운 세상을 만듭니다. ― 바이북스

미래를 함께 꿈꿀 작가님의 참신한 아이디어나 원고를 기다립니다.
이메일로 접수한 원고는 검토 후 연락드리겠습니다.

나,
100%
사용법

노경섭 지음

바이북스
ByBooks

스티브 잡스는 주머니에서 아이폰을 꺼내어 세상을 바꾸었다.
나는 주머니에서 종이 한 장을 꺼낸다. 그리고 이 종이 한 장으로
인생을 바꾸었다고 말한다. 또한 이 글을 읽는 누구나 종이 한 장으
로 자신 인생을 바꿀 수 있다. 이는 거대한 성공을 이룬 사람들의
삶을 통해 증명한 이야기이기도 하다.

첫 번째 책인 《평범한 사람이 특별해지는 방법》이 출간되고 독
자들의 연락을 받을 때면 뿌듯한 마음을 감출 길이 없었다. 내가 쓴
책이 누군가의 삶에 희망과 위로가 되었다는 이야기에 가슴이 벅차
오르기도 했다. 몇 달 동안 새벽잠을 줄여 쓴 책이었다. 노력을 보
상받는 기분이었다.

첫 번째 책은 3B(Binder, Book, Bible)로 인생을 바꾸는 방법을 정
리해놓았다. 지극히 평범한 사람이 바인더, 독서, 그리고 선한 영향
력을 통해 특별한 사람으로 성장하는 이야기다. 이 세 가지는 누구

나 할 수 있다. 큰돈이 들지도 않고 굉장히 어려운 일도 아니다. 그러나 효과는 정말 놀랍다. 이렇게 쉬운 방법으로 자신의 삶을 바꿀 수 있다는 것에 감사할지도 모른다.

그럼에도 이 책을 쓴 이유는 어머니 또래의 한 분 때문이다. 책이 출간된 후로 강의요청이 제법 들어왔다. 아무리 먼 곳이라도 웬만하면 승낙하고 강의에 나섰다. 하루는 대구에서 강의가 있었다. 아담한 강의실에 30여 명이 옹기종이 모여 있었다. 연령도 다양했다. 이제 막 수능을 친 대학생부터 50대까지 자리하고 있었다.

강의 도중 한 분이 눈물을 흘리고 계셨다. 몇 년을 강의해왔지만 처음 보는 모습에 당황했다. 강의 중간 토론 시간이 있다. 자신의 꿈과 목표를 종이에 적는 시간이다. 몇 명씩 짝을 지어 자신의 꿈과 목표를 발표하고 있는 도중 조심스레 여쭤봤다.

"선생님은 무엇 때문에 눈물이 나세요?"

"제가 바쁘게 살아오느라 제 꿈을 잊고 살았어요. 이제야 내 삶을 되돌아보게 되네요. 강사님 덕분이에요. 고맙습니다."

"그렇다면 안심이네요. 이제부터 하시면 되죠."

"그런데 강사님. 제가 컴퓨터도 잘 못 하구요, 제 나이도 있고… 어떻게 이 바인더를 쓰겠어요. 좀 더 쉬운 방법 없을까요?"

순간 가까운 친구 한 명이 생각났다. 안정된 직장을 다닌다. 철밥통이라는 공무원이다. 화목한 가족이 있다. 주말이면 여행도 다닌다. 그럼에도 현실은 여전히 불만이다. 먹고 살 만하지만 충분치는 않다. 가끔 여행을 가지만 자유롭지 않다. 꿈이 있지만 선뜻 도전하지 못 한다. 그런 그에게 바인더를 권하면 손사래 친다.

"나는 바인더는 못 해! 너나 할 수 있는 거지."

말을 물가로 데려갈 수는 있다. 그러나 물을 마시게 할 수는 없다. 본인의 몫이다.

"근데 좀 더 쉬운 방법은 없어?"

"이 중에서 딱 하나면 해야 하면 뭘 해야 해?"

바인더의 핵심은 꿈과 목표를 종이에 적는 것이다. 바인더는 목표를 이루기 위한 계획 작성과 실행을 돕는다. 그것이 바인더의 역할이다. 성격이 꼼꼼하고 시간이 많기 때문에 바인더를 쓰는 것이 아니다. 오히려 자주 까먹고 바쁜 사람이 써야 할 것이 바인더다. 바인더는 평범한 사람이 특별해지기 위한 도구이다.

그럼에도 바인더는 들고 다니기 번거롭다. 처음에 투자해야 하는 노력에 주저하게 된다. 시작이 어렵다. 이 책은 이러한 문제를 단번에 해결할 수 있는 방법을 제시해준다. A4용지 한 장으로 자신의 삶을 극적으로 변화시킬 방법을 안내할 것이다. 종이 한 장으로 인생을 바꿀 수 있다.

핵심은 How가 아닌 Why이다. 물론 어떻게 쓰는지도 중요하다.

방법을 알아야 한다. 분명 효과적인 방법이 있다. 지름길 말이다. 그런데 Why를 모르면 지름길도 무색해진다. 빠른 길조차 가지 않기 때문이다. '왜 써야 하는가'에 대한 답을 알아야 한다. 본질을 모르고 방법만 따라한다면 얼마 못 가 금세 포기하고 만다. '에잇, 이것 또한 별거 아니네. 역시 거짓말이야.' 하는 생각이 들지 모른다. 한 달도 해보지 않고 포기하는 경우가 다반사일 것이다. 그 답 또한 이 책에서 찾을 수 있을 것이다.

종이에 꿈과 목표를 기록하면 자신의 삶에 어떤 변화가 생길지 알게 될 것이다.

종이에 무엇인가를 쓴다고 해서 부담스러워 하는 독자가 있을 수도 있다. 그러나 걱정하지 마시라.

이 책이 설명하는 이야기만 잘 따라간다면 본질을 이해하게 되고, 그 방법도 너무나 쉽다는 것을 알게 될 것이다. 그리고 그 방법

에 따라 실천하고 있는 자신을 발견할 것이다. 실천은 곧 성과로
이어진다. 자신의 삶이 바뀌는 것이다.

나를 100% 사용할 수 있게끔 하는 방법이 있다.
종이 한 장으로 누구나 쉽게 할 수 있다.
누구나 자신의 인생을 바꿀 수 있다.

차례

3장 꿈

1장

부모님처럼 살기 싫어

아내는 어머니만 보면 싱글벙글이다.

어머니 집에 가는 며느리의 마음은 설렌다.

어머니가 밥상 가득 맛있는 반찬을 차려주기 때문만은 아닐 것이다.

아내는 어머니와 일주일에 서너 번은 전화를 한다.

신기한 일이다. 요즘 세상에 이런 며느리가 어디 있을까.

무뚝뚝한 아들인 나는 하지 않는 일이다. 그런 아내가 참 고맙다.

아내는 나와 어머니를 이어주는 가교 역할을 한다.

역할이 바뀐 것 같다.

남편이 시어머니와 며느리 사이에 있는 것이 보통인데, 우리 집은 반대다.

어릴 때 그 일 이후 모든 것이 바뀌었다.

친구 집 지하 단칸방에서

결핍은 극복하면 선물이 되고,
좌절하면 시련이 된다.

깜깜한 방이다. 차가운 문을 연다. 천정에 매달려 있는 백열전등을 더듬더듬 찾는다. 천장이래 봤자 초등학생 키보다 조금 높다. 어른은 허리를 굽혀야 한다. 머리끝이 천장에 간당간당 붙어 있다. 노란빛이 방안을 감싼다. 쾌쾌한 냄새가 폐로 넘어간다. 옅은 곰팡이 냄새가 느껴진다. 지하실의 음산함이 온몸으로 들어온다.

바닥에 두꺼운 스티로폼을 깔았다. 스티로폼 위에 장판을 놓았다. 누런 싸구려 장판이다. 지하 창고였다. 사람이 살 곳은 아니었다. 5평도 되지 않는 좁은 공간이었다. 한 줌의 빛도 들어오지 않는 곳에 몸을 뉘어야 했다. 두꺼운 옷을 입고 전기장판과 이불 사이로 몸을 구겨 넣었다.

지하 단칸방은 피난처였다. 가끔 집에 오는 아버지는 어머니를 괴롭혔다. 아버지를 피해 여기로 도망 왔을까. 아니면 집을 구할 변변한 돈이 없었을까. 야반도주 같았다. 가구 하나 없었다. 겨우 생존을 위한 살림도구 몇 가지가 전부였다.

화장실도 문제다. 특히 밤에는 랜턴을 들어야 한다. 화장실이 건물 밖에 있기 때문이다. 지하실 문을 열고 담벼락과 마주한 좁은 길을 지나야 화장실이 있다. 어둠으로 뒤덮인 길을 밝힐 수 있는 것은 오직 랜턴이다. 큰일을 보려면 쭈그려 앉아야 했다. 깜깜한 밤, 화장실은 공포로 가득 찼다. 나는 겨우 초등학교 2학년이었다.

찌뿌둥한 몸을 일으킨다. 지하실 곰팡이와 꿉꿉한 습기 덕분이다. 학교에 가야 한다. 버너에 물을 끓인다. 냄비에서 펄펄 끓는 물과 얼음장 같이 차가운 물을 섞어 적당히 따뜻한 물을 만든다. 보일러가 없기 때문이다. 얼른 씻어야 한다. 냉기가 침투하기 전에.

옆에서 어머니가 밥을 한다. 그럴듯한 취사기구는 아니다. 가스버너 위에서 무엇인가 만들어지고 있다. 반찬은 몇 가지 없다. 이런 환경에서 제대로 된 밥을 먹기는 쉽지 않다. 주린 배를 채울 뿐이다.

학교에 갈 때는 꽤나 좋은 차를 탄다. 포텐샤. 고급 자동차다. 게다가 도련님 자리다. 오른쪽 뒷자리 말이다. 상석에 몸을 기댄다. 친구 아빠 차다. 지하실의 주인이기도 하다. 조수석에는 친구가 탄다. 이들은 갈 곳 없는 우리 가족에게 지하실을 내어주었다. 돈도 받지 않았다. 몸에 밴 꿉꿉한 곰팡이 냄새가 좁은 차 안으로 퍼질까 걱정이다. 그렇다고 물어보지도 못한다. 자존심인지, 창피함 때문인지.

학교에 가면 거짓말을 밥 먹듯이 했다. 친구와 같은 차를 타고 등교하는 이유를 묻는다.

"나 친구 집 근처에 살아."

친구 집에서 나오는 것을 본 애들에게는 다른 말을 해야 한다.

"나 친구 집 위에 살아."

차마 지하에 산다고 말할 용기가 나지 않았다.

가난은 어린 내 삶의 많은 부분을 바꿔놓았다. 거짓말을 밥 먹듯이 했다. 거짓말은 도벽으로 번졌다. 문방구에서 지우개를 훔쳤다. 껌도 훔쳤다. 나중에는 슈퍼에서 과자도 훔치게 되었다. 결국은 잡혔지만.

자신감이 없었다. 자제력도 부족했다. 친구들과 곧 잘 다투곤 했다. 사는 곳만 음지가 아니었다. 내 삶 전부가 음지였다.

삼촌과 숙모를 집으로 초대했다. 낮이면 햇살이 거실로 가득 들어오는 남향의 아파트다. 지하실에 살던 아이는 훌쩍 자라 번듯한 아파트에 신혼집을 마련했다. 거실 한 면을 몽땅 차지한 빽빽한 책장, 유리창에 붙여 놓은 우리 부부의 목표, 거실에 흔한 TV 없이 지내는 조카들이 안타까워 보이셨을까. 항상 존댓말로 대해주는 숙모가 말한다.

"조금 천천히 살아도 돼요. 이렇게 살면 피곤하지 않아요?"

왠지 어디서 많이 듣던 말 같다. 대학생 때도 그랬다. 1학년 때부터 도서관에 앉아 있는 내게 선배들이 한 마디씩 거들었다.

"도서관은 3학년 때부터 와도 돼."

"1학년 때는 즐겨."

"왜 여기 앉아 있어? 가서 놀아."

가난은 내게 치열함을 선물해주었다. 당장 돈이 없는데 태평할 수 없다. 뭐라도 해야 한다. 대학교 4년 내내 과외를 하며 생활비를 해결했다. 생활비뿐만 아니다. 학비도 마련해야 한다. 시간을 쪼개고 쪼개야 하고 싶은 일을 할 수 있었다. 수업이 없으면 도서관에서 책을 읽었다. 헬스장에서 운동을 했다. 테니스도 배웠다. 산악자전거도 탔다. 시간이 많아서 했던 일이 아니었다. 돈이 많아서 할 수 있었던 것도 아니다. 허튼 곳에 돈을 쓰지 않았다. 시간을 아껴 썼다. 필요한 일에 소중하게 사용했다.

학교에는 자전거를 타고 갔다. 집에서 10km 정도 되는 거리다. 버스를 타려면 정류장까지 걸어가야 했다. 환승도 해야 한다. 버스비도 내야 한다. 자전거는 시간과 돈을 절약해 주었다. 도시락도 싸서 다녔다. 주로 파스타를 만들었다. 토마토 파스타는 만들기도 쉽고 가격도 저렴하다.

이렇게 아낀 돈을 모아 산악자전거를 샀다. 장비까지 합치면 200만 원이나 되는 돈이었다. 대학생이 무슨 돈이 있어 샀을까. 산악자전거는 돈이 아니라 치열함으로 산 것이었다. 당장 과외가 없으면 살아갈 길이 막막했다. 주말에는 식당 주방에서 아르바이트를 했다. 하루 일당 6만 원이다. 13시간을 꼬박 일해서 받는 돈이었다. 그래도 주말 이틀을 보내면 12만 원을 벌 수 있었다. 한 달이면 50만 원에 가까운 돈이다. 제법 짭짤한 일이다. 게다가 일을 하느라 돈 쓸 시간도 없었다.

가난하다고 불행한 것은 아니다. 물론 가난보다 부유한 것이 낫다. 과외가 끊길까봐 걱정하지 않아도 된다. 등록금 걱정도 없다. 우리 집이 왜 이렇게 가난할까 한탄할 일도 없다. 부모를 원망할 일도 없다.

나 스스로 이렇게 위로했다.

'부유한 집에서 자란 게으른 사람이 될래? 가난한 집에서 자란 치열한 사람이 될래?'

굳이 둘 중에 하나를 택하라면 나는 후자를 선택할 것이다. 치열함만 있으면 어디에서든 살아남을 수 있기 때문이다. 어떤 어려움이 닥쳐와도 이겨낼 수 있다. 반면 치열함이 없으면 작은 문제에도 주저앉기 쉽다. 스스로 노력해보지 않은 사람은 어려움에 쉽게 좌절한다.

비가 내리지 않는 사막에서도 선인장은 자란다. 충분한 비가 오지 않는 곳에서 자란 나무는 나이테가 촘촘하다. 단단하게 자란다. 강한 바람에서 자란 나무는 뿌리가 깊다. 쉽게 쓰러지지 않는다. 우리 집은 왜 이렇게 가난하냐고 원망했던 내 삶을 돌이켜 보니 오히려 감사로 가득하다. 가난 덕분에 치열함을 선물로 받았다. 100세 시대다. 30년은 힘들었지만 나머지 70년을 잘 살 수 있는 선물을 받았다. 치열함 말이다.

지난 세월 동안 두 아들을 힘겹게 키워온 어머니, 우리 가족을 버리고 떠난 아버지, 두 분 모두 감사하다. 치열함을 선물해 주신 두 분이다.

결핍은 극복하면 선물이 되고, 좌절하면 시련이 된다.

엉엉 우는 어머니

누구나 아픈 과거가 있다.
괜찮다. 아픔은 이겨내면 추억이 된다.

수화기 너머는 분명 아버지다. 어머니는 엉엉 울고 있다.
어머니는 흐느끼며 말했다.
"나 혼자 어떻게 키우라고."
"이렇게 두고 가면 어떻게 하냐고."

'나를 왜 낳았을까.'
'나는 왜 태어났을까.'
'이렇게 키울 것이었으면 도대체 왜….'

어머니는 힘겹게 전화기를 내려놓는다. 방 안에는 정적이 감돈다. 어머니는 눈물을 흘렸다. 나와 동생은 방 구경을 했다. 그마저도 오래 걸리지 않아 끝났다. 방이 너무 작은 탓이다. 한 명이 겨우 살아갈 단칸방이다. 정적이 한참 계속 되었다. 어머니는 울음을 멈추지 않았다.

가족이 뿔뿔이 흩어지기 전, 우리 가족은 제법 큰 집에 살았다. 커다란 거실에는 소파와 테이블이 놓여 있었다. 부엌에는 양문형 냉장고가 웅장하게 자리 잡고 있었다. 당시 양문형 냉장고는 부의 상징이었다.

학교를 마치고 집으로 돌아오면 언제나 맛있는 간식이 있었다. 어머니는 주부였기에 가족의 매 끼니를 챙겨주었다. 아프면 아프다고 어리광 부릴 수 있는 사람, 배고프면 얼른 잔치국수를 만들어 주는 따뜻함, 어머니는 따뜻한 이불 같은 사람이었다.

그런 어머니가 엉엉 울었다.

방 가장자리에 책상 하나가 있었다. 한참이나 쓰지 않았을 것이다. 먼지가 책상 위 한 층을 점령했다. 책장에는 책이 아무렇게나 몇 권 꽂혀 있었다.

'언제부터 저 《무궁화 꽃이 피었습니다》 위에 먼지가 쌓인 걸까. 어머니는 배움을 좋아하셨지. 꽃꽂이도 다니고, 서예도 하고, 피아노도 치러 다니셨지. 책도 읽으셨겠지.'

어머니도 많이 힘들었을 것이다. 두 아들 홀로 키울 생각에 막막했을 것이다. 하고 싶은 것도 많을 30대였다. 어느덧 내가 어머니 나이가 되었다. 어머니 나이에 누려보지 못한 많은 것을 누리고 산다. 책을 쓰고 작가 소리를 듣는다. 25평 아파트에 산다. 종종 해외여행을 다닌다. 저녁이면 카페에서 커피 한 잔 마실 여유도 있다. 《무궁화 꽃이 피었습니다》도 여유로이 읽는다.

'어머니, 저 이제 괜찮아요.
어머니가 저와 동생을 앞에 두고 원망한 것, 이제 괜찮아요.
그때 어머니, 갓 서른을 넘겼잖아요.
저라도 힘들었을 것 같아요.'

누구나 아픈 과거가 있다.
괜찮다.
아픔은 이겨내면 추억이 된다.

짬뽕도 이제 지겨워

누군가에게 맛있는 음식이
누군가에겐 눈물일 수 있다.
서럽게 짬뽕 한 그릇을 비워냈다.

"아저씨 짬뽕 한 그릇 배달해 주세요."

화신반점. 단골집이다. 이 집 짬뽕에는 오징어가 듬뿍 들어있다. 몸통과 다리, 머리도 아낌없이 넣었다. 국물도 예사가 아니다. 분명 닭 뼈를 푹 고아 육수를 냈을 것이다. 공기 밥은 필수다. 면을 다 건져먹고 밥을 말아야 한다.

비단 맛으로 단골집을 삼은 것은 아니었다. 근방에서 유일하게 한 그릇도 배달해주는 중국집이었다. 짬뽕 한 그릇을 시켜 동생과 나눠 먹었다. 동생 몫은 다른 그릇에 덜었다. 국물도 덜었다. 짬뽕 그릇을 들고 국물을 붓는다. 국자는 사치다. 설거지 거리를 만들지 않아야 한다. 운이 좋으면 국물 한 방울 흘리지 않고 덜 수 있다. 운 좋은 날은 그리 많지 않다. 작은 밥상 전체에 시뻘건 국물이 흘렀다.

서러운 짬뽕은 하루 건너 하루 꼴로 찾아왔다. 어머니는 집에 없었다. 일터로 가야 했다. 휴일도 없었다. 가족이 함께 보내는 날은 일 년에 며칠 되지 않았다. 어머니는 일을 마치고 밤늦게 집으로 왔다. 우리 형제는 모두 잠들어 있는 시간이다. 애꿎은 TV만 외롭게 켜져 있을 뿐이었다.

어머니의 모습은 항상 피곤했다. 어머니를 볼 수 있는 유일한 시간은 아침이었다. 피곤한 몸을 겨우 일으켜 두 아들 밥상을 차려주곤 이불로 쏙 들어갔다. 죄인마냥 TV 앞에서 얼른 밥을 먹고 집을 나서야 했다. 피곤한 어머니를 더 피곤하게 만들 수는 없었다.

어머니는 레스토랑에서 일을 했다. 점심부터 저녁 늦게까지 일터에 있었다. 자연스레 나와 동생의 저녁 밥상은 배달음식이 될 수밖에 없었다. 그 중에 가장 만만한 음식이 짬뽕이었다.

짬뽕을 시켜먹던 아이는 세월이 흘러 결혼을 했다. 퇴근 후면 아내와 따뜻한 밥을 식탁에서 먹을 수 있다. 그런 아들이 아내와 함께 어머니에게 간다. 어머니에게 갈 때면 아내는 들뜬다. 한정식 못지 않은 밥상을 만날 수 있기 때문이다. 어김없이 밥상 가득 반찬이 깔린다. 밥그릇을 놓을 자리가 없다. 손바닥에 밥그릇을 올려놓고 먹

어야 할 정도다. 국그릇은 겨우 밥상을 비집고 들어와 있다. 밥상이
터져나간다.

애교 많은 며느리가 감탄사를 연발한다.

"어머니 너무 맛있어요."

"어머니 밥 더 없어요?"

"어머니 저 밥 더 먹어도 돼요?"

"오빠가 밥 더 못 먹게 해요."

"저 맨날 이런 밥 먹고 싶어요!"

어머니가 한 마디 하신다.

"우리 혜원이 많이 먹어."

같은 밥상인데 밥맛은 하늘과 땅 차이다. 동생과 둘이서 단칸방
에 앉아 먹던 짬뽕. 대화는 사라지고 TV 소리만 외롭게 흩날리던
어린 시절. 어찌 그때와 비교 되겠는가.

가족이 밥상에 옹기종기 둘러앉아 쫑알쫑알 이야기를 나눈다.
일상을 나누며 웃고 떠든다. 터지는 배를 움켜잡으며 밥 한 그릇 더
먹겠다며 숟가락을 놓지 않는다. 행복이 별거인가. 가족이 밥상에
둘러앉아 호호 하하 밥 먹는 것이 행복이지.

짬뽕 전문점이 참 많이도 생겼다. 맛집이라고 소문난 중국집 앞
에 줄서는 것도 마다 않는다. 어릴 때는 그리 서럽게 먹었던 음식이

었다. 주린 배를 채우려고 시켜 먹던 음식. 어머니가 차려주는 밥을 대신한 짬뽕. 너무 많이 시켜먹어 질릴 것 같았는데, 아직도 짬뽕이 좋은 것을 보면 신기한 일이다.

아무리 짬뽕이 맛있다 한들 세상 최고 음식은 어머니 집밥이다. 아내와 함께 먹는 어머니 밥상이 최고다. 음식 솜씨보다 중요한 것이 있다. 짬뽕에 한 스푼 넣는 조미료도 이길 수 없는 맛이 있다. 바로 가족의 사랑이다.

첩첩산중에서 할아버지, 할머니와 함께

피다. 피가 줄줄 흐른다.

하얀 양말을 빨갛게 물들인다.

고장 난 수도꼭지처럼 피가 흘렀다.

흐르는 피를 닦을 새도 없다.

뛰어야 한다.

아픈 줄 모르고 뛰었다.

피는 언젠가 멈추기 마련이다.

넘어져도 다시 뛰면 된다.

힘든 시간은 지나간다.

나무가 울창하게 우거진 길이었다. 햇빛이 살을 파고드는 한여름이지만 그 길은 깜깜했다. 몇 백 년을 살았는지 나무의 겉면은 노인의 얼굴처럼 주름이 깊다. 나를 무섭게 혼내는 할아버지 이마의 주름 같다. 나뭇잎은 너무나 울창하여 푸르다 못 해 새까맣다. 게다가 경사는 말도 못 하게 가파르다. 한 번 속도가 붙으면 멈추질 못한다. 미끄럼을 방지하고자 길 위에는 가로로 깊은 주름을 새겨놓았다. 자동차가 겨우 오르내릴 수 있는 험로다.

8살짜리 꼬마 아이가 학교로 가는 길이다. 이 길 말고는 갈 수 있는 방법이 없다. 길을 따라 산을 내려가면 버스를 탈 수 있다. 서둘러야 한다. 버스를 놓치면 큰일이다. 통학버스를 놓치면 1시간을 걸어야 한다. 발걸음을 재촉했다. 버스를 놓치는 일은 없어야 한다.

문제는 한 번 속도를 붙이면 멈출 길이 없다. 급경사다. 속도를 멈추는 방법은 둘 중에 하나다. 끝까지 뛰든지, 구르든지.

아뿔싸. 두 다리는 이미 내 것이 아니다. 어찌할 바를 모르는 순간, 비탈을 굴렀다. 우당탕탕. 가방이 내팽개쳐진다. 신발은 또 어디로 갔는지. 정신이 없다. 그럼에도 헐레벌떡 몸을 추스르고 일어난다. 버스를 놓치면 안 되기 때문이다. 다행히 크게 아픈 곳은 없다.

그런데 무릎에서 뭔가 흐르고 있는 것이 느껴진다. 양말이 빨갛게 물들었다. 피였다. 무릎에서 피가 철철 흘러내리고 있는 것이 아닌가. 피를 닦아내야 했다. 휴지는 당연히 없었다. 반바지를 아래로 내렸다. 반바지를 무릎에 대고 피를 닦아냈다. 시간이 없다. 버스가 곧 도착할 것이다. 얼른 가야 한다. 울음도 나오지 않는다. 그럴 여유도 없다. 그저 버스를 타야겠다는 일념으로 달렸다.

지금도 왼쪽 무릎에 큰 흉터가 남아있다. 의지할 곳 없는 아이의 상처다. 아프지만 누구에게도 말할 수 없었던 상처다. 할아버지, 할머니 집에 홀로 남겨졌다. 아버지는 나를 첩첩산중에 두고 어디론가 가버렸다. 언제 온다는 약속도 남기지 않았다. 하루 이틀 있으면 될 줄 알았다. 그렇게 생각했다. 하동에서 학교를 다닐지는 상상도 못 했다. 흑룡초등학교. 초등학교 1학년에서 2학년을 넘어가기까지 다녔던 학교다. 지금은 폐교가 되었다.

무릎이 깨져도 울거나 어리광부릴 사람이 없었다. 그저 혼자 감내해야 할 일이었다. 상처와 아픔은 덤덤히 묻었다. 그저 묻는 수밖에 없었다. 다른 선택지가 없었다. 이것이 습관이 되었다. 힘든 일은 다른 사람에게 이야기 하지 않는다. 혼자 감당한다. 그럴 수밖에 없는 환경이었다.

아버지는 할머니 집에 나를 맡겼다. 영문도 모른 채 할아버지 할머니와 첩첩산중에 살게 되었다. 아버지는 그 이후로 한 번도 찾아오지 않았다. 경남 하동군 하동읍 흥룡리, 호암마을. 대구에 살던 내가 하루 아침에 이사를 당했다. 할아버지는 서예 선생님이었다. 할머니는 품앗이를 하며 생계를 유지했다. 나는 소여물을 끓였다. 커다란 가마솥에 풀을 넣고 장작불을 지폈다. 소여물을 주는 것은 내 몫이었다. 아침저녁으로 여물을 먹였다. 진돗개 몇 마리도 키웠다. 사료를 주고 똥을 치웠다. 여름에는 동네 친구들과 앵두 서리를 나갔다. 섬진강으로 물놀이도 다녔다. 가을에는 배 밭에서 배 따는 모습을 구경했다. 할머니 집 뒤로는 대나무 밭이 있었다. 밤이면 대나무 밭에서 울어대는 바람에 이불 속으로 몸을 숨겼다. 나를 보호해줄 것이라고는 이불 밖에 없었다.

가끔 TV에서 하동이 나오면 그때 생각이 난다. 외로움과 함께하던 시절, 두렵기만 한 어린 시절의 하동 말이다.
'아빠는 왜 나를 데리러 오지 않을까.'
'엄마는 왜 전화 한 통 없을까.'
'동생은 어디에서 살고 있을까.'
힘든 시간이 다 지나고 어머니는 며느리를 보았다.
장성한 아들은 어엿한 가장이 되었다. 집도 있고 차도 있다.

깨진 무릎을 보며 홀로 과산화수소수를 부으며 소독했던 내 어린 날.
수고했다. 고생 많았다. 내 어린 시절아.

우리 가족은 끝났구나

끝은 새로운 시작을 알린다.
폭삭 망하면 좋은 일이다.
더 이상 떨어질 곳이 없다.
올라갈 일만 남았다.

가족이 뿔뿔이 흩어졌다. 나는 할아버지 집에서 지냈다. 그 자리에 동생은 없었다. 나중에서야 알게 된 사실이지만 동생은 아버지와 어떤 아줌마가 키웠다. 1년이라는 시간이 지난 뒤에 어머니 집에서 어색하게 만났다. '잘 지냈냐'는 인사도 없었다. 모두가 상처투성이였다. 나는 나대로, 동생은 동생대로 말 못할 서러움이 가득 쌓여 있었다. 어머니는 울고 있었다. 어찌할 바를 몰랐고 어색했다. 흐느끼는 어머니의 목소리에 집중할 뿐이었다. 단칸방 생활의 시작이었다.

단칸방이 제일 안 좋은 줄 알았다. 최하층의 삶이라고 생각했다. 그 너머엔 지하실이 있었다. 상상도 못하던 일. 지하 창고에서 겨울을 보냈다. 지하실을 탈출해 방 두 개짜리 집으로 이사를 갔다. 처음으로 집 안에 화장실이 있었다. 더 이상 랜턴을 들고 화장실을 가지 않아도 되었다. 비좁았지만 책상도 있었고 침대도 있었다. 수완이 좋은 어머니는 레스토랑을 운영하게 되었다. 직원에서 시작해 사장이 되었다. 일하는 시간도 그만큼 늘었다.

어머니가 없을 때 나는 동생을 잘 챙겨줬어야 했다. 동생의 든든한 울타리가 되어주어야 하는데 세월이 많이 흐른 지금도 제 역할을 못 하고 있다. 아직도 옛날 핑계다. '그때 그 상처가 너무 커서…' 핑계만 늘어간다. 동생에게 사과해야 할 일이 참 많다. 한두 가지겠는가. 개 중에 기억나는 사건이 있다.

집 근처에 제법 큰 놀이터가 있었다. 놀이터에는 없는 것이 없었다. 미끄럼틀, 정글짐, 시소, 그네. 한 번 놀기 시작하면 두어 시간은 순식간에 지나간다. 놀이터에서 제법 많은 시간을 보냈다. 학교를 마치면 집에서 반겨주는 사람이 없었다. 어떻게든 시간을 보내야 했다. 어머니가 집에 올 때까지 기다렸다 잠들었다. 물론 밤늦게 오는 어머니와 얼굴을 볼 수는 없었다.

하루는 놀이터 가장자리에 있는 슈퍼에 갔다. 슈퍼 한 쪽 구석에 있는 게임기 옆으로 옹기종이 친구들이 모여 있었다. 킹 오브 파이터. 스트리트 파이터 다음으로 있는 게임이었다.

게임에 넋이 나가 구경하고 있을 때였다. 놀이터 가운데서 큰 소리가 들린다. 동네 애들끼리 싸우고 있었다. 아니, 누군가 일방적으로 맞고 있다. 자세히 보니 맞고 있는 사람이 내 동생이다. 또래에 비해 키가 작았던 동생이다. 순간 나는 얼음이 되었다. 어떻게 해야 할지 몰랐다. 가만히 있는 나를 보고 슈퍼 아저씨가 퉁명스러운 대구 사투리로 한 마디 한다.

"니 뭐하노?"

"네가 형 아이가."

"동생 도와줘야지!"

"가만히 있지 말고!"

아저씨의 목소리가 점점 커져 갔다. 그럼에도 나는 멀뚱히 바라만 본다. 발걸음이 떨어지지 않는다. 움찔움찔 할 뿐이다. 동생이 울음을 터트린다. 분해서일까, 아파서일까. 싸움에서 울면 끝이다. 졌다. 동생이 졌다. 아니, 일방적으로 맞았다.

'형이라면 마땅히 해야 할 일은 무엇이었을까.'

'동생은 나를 어떻게 생각했을까.'

'울면서 걸어오는 동생에게 무슨 말을 해야 할까.'

혼란스러웠다. 결국 아무 말도 하지 못 했다. 함께 집으로 돌아왔다. 형이라면 당연히 해야 할 일을 하지 못 했다. 절대 잊혀 지지 않는 기억이다. 무기력한 형의 모습, 그게 바로 나였다.

어머니가 없는 집에서 왕은 나였다. 모든 것을 명령했고 통제했다.

"리모컨 가져와."

"불 꺼."

"물 줘."

무슨 왕이라도 된 것처럼 동생을 통치했다. 신하는 종종 반란을 일으켰다. 가끔 어머니에게 나쁜 왕의 만행을 일렀다. 어머니는 알았다. 왕과 함께 사는 신하의 삶을. 왕과 함께 대부분의 시간을 보내야 하는 동생이었다.

"동생 좀 그만 괴롭혀."

그저 말뿐이었다. 어머니가 사라진 집은 다시 어린 왕의 통치하에 놓인다.

어린 왕은 폭력으로 신하를 다스렸다. 왕의 심기를 거스르는 날이면 어김없이 가혹한 처벌이 가해졌다. 왕보다 두 살이나 적은 신하였다. 덩치로도 신하를 압도를 했다. 무차별적인 폭력이 가해졌다. 왕은 스스로를 통제하지 못 했다. 언제 끝을 맺어야 할지 몰랐다. 분을 이기지 못 했다. 신하가 처참히 무너질 때까지 폭력을 가했다. 왕은 스스로를 무서워했다. 자신이 했던 행동을 이해하지 못했다. 스스로가 납득되지 않았다. 이처럼 잔인한 왕인지 몰랐다. 그럼에도 멈추는 방법을 몰랐다.

과거는 과거로 묻어버리면 그만일까. 혼자 속으로 반성하면 끝일까. 아닐 것이다. 진정한 뉘우침은 상대에게 사과를 전해야 한다. 용서를 구해야 한다. 이제는 조금 용기가 생겼다. 지난 과거를 마주할 용기 말이다. 진심을 전하고 싶다. 한 번도 동생에게 미안하다고 한 적이 없었다. 그럼에도 아직도 마주보며 용서를 구할 용기가 생기지 않는다. 비겁한 형이다. 지면을 빌어서 용서를 구하고자 한다.

"명섭아, 미안해.
형도 너무 무서워서 그랬어.
나도 무기력한 어린아이였어.
그렇지만 너를 때려서는 안 되는 일이었어.
너를 보호해야 할 형이었지만 아무것도 하지 않았네.
진심으로 미안하다.
용서해줘.
미안해."

폭삭 망한 집에서도 희망은 피어난다. 동생은 멋진 요리사가 되었다. 이제는 10년의 요리를 그만두고 또 다른 제 삶을 찾아 떠났다. 폭군이던 형은 공군 장교 10년 근무를 마치고 사업을 준비하고 있다. 어머니는 사람들의 건강을 책임지는 건강원을 운영한다. 당장 먹고 잘 곳을 찾아 헤매던 가족이었다. 이제 드디어 먹고 사는 문제에서 해방되었다.

끝은 끝이 아니다. 새로운 시작이다.
더 이상 떨어질 곳이 없다.
올라갈 일만 있다.
다행이다. 깊은 나락을 경험해보아서.
덕분에 어떤 어려움에도 견뎌낼 수 있는 힘이 생겼다.

아내는 천사였다

장인어른은 내게 경고했다.
"우리 딸 보통 아닌데 괜찮겠어?"
그때는 무슨 말인지 몰랐다.

세상에서 가장 어려운 일은 다른 사람을 마음대로 조정하는 일이다. 되지 않는 일을 되게끔 만드는 것만큼 어려운 일은 없다. 애당초 불가능한 일이다. 욕심이다. 욕심인 줄 알면서도 시도한다. 장인어른의 경고는 가볍게 흘렸다. 아내와의 호흡은 너무나 완벽했다. 9회 말 투아웃까지 퍼펙트게임을 이어갔다. 완벽한 인생이었다. 결혼 전까지만 해도 말이다. 결혼 후 전혀 새로운 사람을 알게 되었다.

아내와 첫 만남은 특별했다. 우리는 독서토론 모임에서 만났다. 소개팅도 아니고, 회사에서 만난 것도 아니며, 동호회를 통해서 만난 인연도 아니다. 독서포럼 '나비'에서 인연을 맺게 되었다. 첫 만

남만큼이나 데이트도 특별했다. 흔한 영화 한 편 보지 않았다. 카페에서 책 읽고 공부하며 연애를 이어갔다. 첫 만남부터 결혼까지 너무나 순조로웠다.

결혼하기 전까지는 모든 것이 완벽했다. 우리 부부에게 어려움이 닥쳐올 것이라고는 상상하지 못 했다. 대부분의 부부가 그렇겠지만 결혼하기 전과 후는 전혀 다른 생활이 됨을 깨닫지 못 한다. 선배나 친구들의 조언은 '나는 다르겠지.' 정도로 흘려들었다. 그것이 현실이 되기 전까지는 말이다.

문제는 신혼여행부터 시작되었다. 결혼식을 올리고 한 달 뒤에야 신혼여행을 떠났다. 결혼한 뒤에도 주말부부로 지냈기에 오랫동안 붙어 있을 시간이 없었다. 주말조차 하고 있는 일 때문에 온전한 신혼생활을 즐길 수 없었다. 그러기에 신혼여행에서 서로의 진면목을 알 수 있게 되었다.

'아내가 이렇게 까칠했었나?'

'성격이 왜 저 모양이지?'

'내가 알던 사람이 맞나?'

뒤늦게 장인어른의 충고가 기억났다.

"우리 딸 보통 아닌데 괜찮겠어?"

앞길이 막막했다.

아내는 결혼과 동시에 다니던 직장을 그만두고 사장이 되었다.

그녀에게 새로운 기회가 찾아왔다. 서른의 나이였다. 직함만 사장이지 식당에서 주방과 홀을 종횡무진 누비는 사람이었다. TV로 바라보는 외식업은 굉장히 화려하다. 줄 서서 먹는 대박 식당의 사장이 부러워 보인다. 돈을 바구니에 쓸어 담는 것 같다. 조금만 더 잘하면 대규모 프랜차이즈 회사의 경영자가 될지도 모른다는 희망을 품는다. 우리 부부도 다르지 않았다. 작은 매장이지만 손님으로 북적였고 맛 또한 수준급 이상이었다. '손님이 그만 왔으면' 하고 속으로 외친 적도 있었다.

손님이 많아지면 마냥 좋은 것은 아니다. 행복한 고민이 시작된다. 몸이 피곤해진다. 몸이 힘들면 마음도 지치기 마련이다. 사소한 것도 가볍게 넘기질 못한다. 살짝 몸이 부딪혀도 짜증이 앞선다. 쉬는 날이 있는 것도 아니다. 주말이면 어김없이 식당으로 출근해야 했다. 주말부부의 주말 데이트는 꿈도 못 꾸었다. 식당에서 생존을 위해 분주히 움직였다. 회사는 아프면 휴가를 써서 쉴 수 있다. 식당은 그렇지 않다. 아프면 나와 아내를 대신할 사람이 없었다.

나는 양반이었다. 평일에는 식당일에서 손을 뗄 수 있었다. 오히려 평일이 기다려졌다. 주말부부의 장점일까. 나는 진주에서 근무하고 있었고 아내는 대구에 있을 때였다. 덕분에 평일 저녁에는 식당에서 자유로울 수 있었다. 반면 온종일 식당에만 있어야 하는 아내는 보이지 않는 미래와 싸워야 했다. 음식을 준비하고, 손님을 맞이하고, 직원을 관리하며, 매장을 깨끗하게 관리하는 일은 결코 쉽지 않았다. 대화할 사람도 마땅히 없었다. 야심차게 꿈꾸던 사업은 장사가 되어버렸다. 사업가를 꿈꾸던 우리 부부는 식당 노동자가 되어 있었다. 천사였던 아내는 온데간데없었다.

우리 부부를 구원해준 것은 목사님의 주례사였다.

"신랑 노경섭 군과 신부 김혜원 양의 주례사를 숫자로 말씀 드리고자 합니다."

"0, 1, 5."

"영! 서로가 영순위입니다.

일! 하나님을 첫 번째로 섬기세요.

오! 이 결혼식의 5%만 부부관계 개선을 위해 매년 투자하세요."

바쁘고 힘든 날이 이어지고 주례사와는 반대되는 삶을 살게 되었다. 서로가 영순위가 아니라 나 자신이 영순위가 되었다. 나부터 살고 봐야 했다. 피곤에 찌들어 한 시간이라도 잠을 더 자고 싶었다. 집안일은 당연히 뒷전으로 밀렸다. 입을 속옷을 찾을 수 없을 때까지 빨래를 하지 않게 되었다. 집안 청소는 손님이 올 때만 하게 되었고, 설거지가 귀찮아 아예 음식을 만들지 않게 되었다. 주일예배는 더 이상 지킬 수 없었다. 조금이라도 더 자야 했다. 좀비 같은 생활이었다. 몸과 마음 모두 지쳐 있었다. 특히나 아내와의 다툼 횟수가 잦아지고 있음에 위기의식을 느꼈다.

아내와도 신앙과도 멀리 떨어지게 될 판이었다. 돈을 쫓았는데 돈조차 가까이 없었다. 생계만 겨우 유지할 정도의 수익이었다. 차라리 아르바이트를 하는 것이 재정적 측면에서는 훨씬 이익이었다. 돈이야 어찌어찌 할 수 있다고 하지만 부부관계는 한 번 깨지면 돌이키기 어렵다.

깨진 도자기의 법칙 : 도자기가 한 번 깨지면 다시 붙일 수는 있다.
그러나 자국은 남는다.

'깨진 도자기의 법칙'이라는 것이 있다. 도자기가 깨지면 본드로 어떻게든 붙일 수는 있다. 그러나 조각끼리 이어 붙인 곳의 자국은 절대로 없앨 수 없다. 깨진 관계는 아픔이라는 흔적을 남긴다. 그러니 도자기가 깨지지 않도록 잘 관리해야 한다.

그때 생각난 것이 목사님의 주례사였다. 결혼 꼭 1년만이었다. 목사님 부부 앞에 다시 앉았다.

결혼도 저절로 되는 것은 아니다

직장을 얻기 위해 16년간 학교에 다녔다.
그 결과로 20년 동안 회사를 다닌다.
부부가 되기 위해 며칠을 공부했던가.
70년을 함께 살아갈 텐데 말이다.

　2011년부터 종이에 꿈과 목표를 적었다. 처음에는 A4용지에 아무렇게나 그날 해야 할 일을 적었다. 나중에는 바인더에 꿈을 적기 시작했다. 이것저것 생각나는 대로 적었다. 임용고시를 다시 쳐야 할지, 미국에 가서 요리사가 될지 막연했다. 이렇다 할 노력도 하지 않았다. 무엇을 해야 할지 몰랐기에 어떤 공부를 해야 할지 몰랐다.

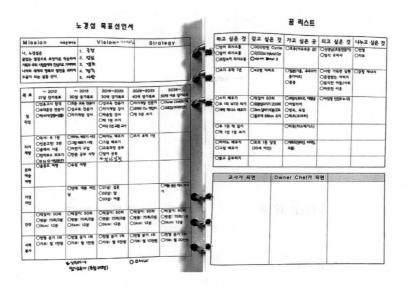

2011년 기록한 꿈과 목표

　　성공한 사람들이 종이에 꿈과 목표를 적었다고 하기에 따라해 보았다. 나도 그들처럼 성공하고 싶었다. 그럼에도 큰 변화는 없었다. 꿈과 목표를 종이에 적었지만 여전히 무엇을 하고 살아야 할지 막막했다. 하루하루 시간은 지나가는데 어떻게 살아야 할지, 무엇을 향해 나아가야 할지 방황했다. 유독 나만 뒤쳐져 있는 것 같았다. 친구들은 대기업, 공기업, 공무원 등 취업만 잘 했다. 산더미 같은 일을 끌어안고 야근하고 있는 내가 초라해보였다.

궁하면 찾게 된다. 지금처럼 살 수는 없었다. 우연한 기회에 《성공을 바인딩 하라》를 읽게 되었다. 이 책을 통해 전문적인 자기계발 강의가 있는 것을 알았다. 토요일, 서울에서 8시간 동안 진행되는 강의였다. 무려 36만 원이었다. 적지 않은 돈이지만 36만 원으로 인생을 바꿀 수 있다면 오히려 저렴해 보이기도 했다.

서울로 향했다. 강의실에는 이미 사람들로 가득 차 있었다. 빈자리 하나 없이 인산인해를 이루었다. 자기계발에 관심 있는 사람이 세상에 이렇게 많다는 것에 놀랐다. 내가 특별히 별난 사람이라고 생각했는데 아니었다. 내 주변에 성공과 성장에 관심 있는 사람이 적은 것이었다. 세상에는 보다 나은 삶을 위해 노력하는 사람이 보이지 않는 곳곳에 있었다.

8시간이 순식간에 지나갔다. 강의를 진행한 강규형 대표는 이랜드와 퓨마의 경영을 해본 터라 무수한 조언을 쏟아냈다. 성공을 경험해본 사람은 달랐다. 남들과 달리 행동했기에 성공할 수 있었구나 하는 깨달음을 얻었다. 평범한 지방대학을 졸업하고 한 기업의 CEO가 되기 쉬웠겠는가. 더군다나 40대 초반의 나이로 이뤘으니 말이다.

강의 덕분에 알게 된 것이 있었다. 꿈과 목표를 적는 방법이 있다는 것을 알게 되었다. 일을 계획하고 실행하는 방법이 있었다. 그전까지는 주먹구구식으로 계획하고 실행했다는 것을 깨달았다. 독서의 중요성도 느낄 수 있었다. 일주일에 책 한 권을 읽지 않는다는 것은 성장을 포기한 것이나 다름없다는 말에 공감했다. 예능이나 드라마를 마음껏 보면서 책 볼 시간은 없다고 생각했던 나 자신을 되돌아보게 되었다.

강규형 대표의 강의를 듣고 나서 책 읽는 방법도 연구하기 시작했다. 어떤 책을 읽어야 하는지, 어떤 방법으로 읽어야 효율적인지 알고 싶었다. 그때부터 《본깨적》으로 시작해 《독서천재가 된 홍대리》, 《리딩으로 리딩하라》, 《독서의 신》, 《어떻게 읽을 것인가》, 《책 읽는 방법을 바꾸면 인생이 바뀐다》, 《생각을 넓혀주는 독서법》과 같은 독서법에 관한 책을 골라 읽었다.

성공에는 지름길이 있다. 꿈과 목표를 적는데도 효과적인 방법이 있고, 책 읽는데도 방법이 있다. 고수의 방법을 배우고 그것을 내 것으로 만들어 나갔다. 테니스를 잘 치려면 전문가에게 레슨을 받아야 한다. 골프도 프로에게 돈을 주고 배운다. 주식 투자도 공부를 하고 시작해야 잃지 않는다. 주식에서 돈을 잃어본 사람들은 안다. 기껏 모아놓은 목돈을 잃어버리는 것은 한 순간이다.

직장을 얻기 위해 몇 년이나 공부해 왔는가. 초등학교 6년, 중, 고등학교 6년이다. 게다가 대학교 4년까지 합하면 16년이다. 대학원까지 다닌 사람도 수두룩하다. 20~30년 일하자고 16년 이상을 공부한다.

결혼 생활은 적어도 50년이다. 운 좋으면 70년이다. 정말 긴 세

월 아닌가. 그런데 결혼은 공부하지 않고 도전부터 한다. 준비라고
는 결혼식과 신혼여행, 신혼집을 준비하는 것이 고작이다. 정말 중
요한 것은 따로 있는데 말이다. 주식은 손절이라도 하면 되는데, 결
혼에서의 손절은 이혼이다.

천만 다행으로 나와 아내는 결혼 전 7주간 《예비부부의 삶》을 들
었다. 담임목사님 부부와 함께 7주간 결혼에 대해 공부를 했다. 결
혼 후에도 AS를 해주고 계신다. 1년에 한 번씩, 부부교육을 받고 있
으니 참으로 다행이다.

서로 사랑하는 법도 배워야 한다. 그저 공짜로 얻어지는 것이 아
니다. 아름다운 부부로 살기 위한 방법이 있다. 스킬이 존재한다.
부모님처럼 살기 싫었다. 아버지와 어머니는 지금의 나 보다 더 이
른 나이에 결혼과 이혼을 했다. 어린 자식이 둘이나 있었는데도 말
이다.

나는 보고 배운 것이 없기 때문에 노력을 해야 한다. 부부가 서
로 행복하게 사는 방법을 배우지 못 했다. 로또 같은 인생은 노력으
로 이루어진다. 결혼도 공부하고 배워야 한다. 당연한 일이다. 서로
다른 두 사람이 평생을 함께 마음 맞추어 산다는 것, 어디 쉬운 일
인가.

영어를 잘 하고 싶어서 학원에 다니고 어학연수를 다녀온다.

수영을 잘 하고 싶어서 수영장에 등록하고 코치에게 수영하는 방법을 배운다. 이것은 상식이다.

우리 인생은? 마찬가지 아닐까. 배워야 한다. 저절로 되는 것은 없다. 결혼은 어떤가. 같은 이치다. 행복한 부부 관계를 위해서는 배워야 한다.

올해도 어김없이 결혼식 비용의 5%를 부부관계 발전을 위해 사용할 것이다.

반복되는 한숨 속에서

꿈을 적은 종이가 있었다.
꿈을 이루기 위한 목표도 있었다.
꿈과 목표가 있다면 희망이 있는 것이다.

뭐 하나 제대로 되는 것이 없었다. 군인을 그만두고 내가 하고 싶은 일을 하며 자유롭게 살겠다는 결심, 점점 기울어 가는 아내의 외식사업, 게다가 우리 둘의 부부관계조차 점점 나빠져 갔다. 무엇보다 몸이 너무 피곤했다. 평일에는 사무실에서 미친 듯이 일을 해야 했고, 주말이면 아내가 운영하는 식당에서 일손을 보태야 했다.

일 년은 어떻게든 버텼다. 끝까지 버티다 몸에서 신호를 보내왔다. 이제 쉬어야 한다고. 몸살로 앓아누웠다. 바늘이 머리를 찔렀다. 대바늘이다. 수백 개의 바늘이 머리를 공격하는 것 같았다. 출근을 할 수도, 주말에 아내를 도울 수도 없었다. 안방에 누워 끙끙

앓는 신음소리와 싸워왔다. 아프지만 누구도 나를 챙겨줄 수 없었다. 아내는 자영업자의 쇠사슬에 묶여 버린 지 오래였다. 불평할 수도 없었다. 아내도 홀로 꿋꿋이 생존과 싸우고 있음을 알기 때문이다.

희망이 없을 것만 같은 삶. 그럼에도 놓치지 않는 끈이 있었다. 어떤 상황에서도 놓지 않았다. 이것 말고는 방법이 없었다. 성공한 사람들이 해왔던 방법이다. 나 또한 10년째 그 일을 해왔다. 한 번 시작한 일에 탄력이 붙는 순간 귀찮고 어려운 일이 굉장히 쉬워진다. 습관이 된다. 자전거 타는 법을 익히면 평생 까먹지 않는다. 그 어렵던 수영도 한 번 숨이 트이면 몇 km를 거뜬하게 해낸다. 반면 평생 한 번도 성공해보지 않은 사람이 새로운 일을 한다는 것은 굉장히 큰 부담이다.

나를 살린 것은 종이였다. 절망으로 빠질 것 같던 삶에도 놓치지 않은 끈. 오랜 시간 동안 꿈과 목표를 종이에 적어왔다. 미국에서 요리사가 되겠다는 꿈, 멋진 사업가가 되겠다는 꿈, 사람들에게 선한 영향력을 전파하는 메신저가 되겠다는 꿈. 꿈은 자라고 변했다. 그럼에도 꿈을 종이에 적는 것만큼은 변한 적이 없었다. 꿈과 목표가 쓰인 종이는 언제나 나와 함께했다. 이 종이가 지금의 나를 만들었다.

매일 목표를 적고 하나하나 해치워나갔다. 아주 사소한 일부터 종이에 적었다. 미용실에 가서 머리를 자르거나 친구에게 안부 인사를 전하는 것까지 종이에 적었다. 하나를 해치웠으면 했다고 표시(⊕)를 했다. 진행 중인 일에도 흔적(⊖)을 남겼다. 내가 세운 목표를 스스로 피드백 해나갔다.

목표가 적힌 종이에 성공의 표시(⊕)가 쌓이고 작은 성공이 이어지면 자신감을 갖게 된다. 이것이 습관이 되면 무엇이든지 할 수 있다는 자신감이 생겨난다. 자연스레 아주 큰 꿈도 이룰 것이라는 확신이 자리 잡게 된다. 거대한 성공은 작은 일에서부터 시작된다. 100억의 자산을 일구는 일도 1억의 재산을 모으는 것부터 시작한다. 1억을 모으는 가장 쉬운 방법은 100만 원부터 모으는 일이다. 위대한 프로야구 선수가 되는 것도 사소한 일을 꾸준히 하는 것에서 비롯된다. 매일매일 웨이트트레이닝과 스트레칭, 기술훈련을 하면서 조금씩 성장한다. 세계 최고 높이의 빌딩을 짓는 것도 터를 파고 기초를 단단히 세우지 않으면 시작될 수 없는 일이다.

되는대로, 주어지는 대로 살지 않고 목표를 세우고 실천했다. 오늘 할 일이 무엇인지에 집중했다. 오늘 하는 일이 나의 꿈과 목표에 어떤 관련이 있는지 살폈다. 오늘 할 일을 하면 자동으로 꿈과 목표에 한 걸음 더 가까이 다가가야 하기 때문이다. 이를 '인생 정렬(Life Alignment)'이라고 한다. 오늘의 삶이 미래의 꿈과 목표에 맞닿아 있는 삶을 사는 것이다.

큰 성공은 작은 성공이 차곡차곡 모일 때 가능하다. 그러므로 작은 성공에 매달렸다. 사소한 목표를 종이에 적었다. 책 읽기, 운동하기, 인스턴트식품 먹지 않기, 험담하지 않기, 긍정의 확언하기, 꿈과 목표 읽기. 하나씩 해나갈 때마다 표시를 했다. 가 쌓여갈 때마다 희열을 느낀다. 지금 당장 할 수 있는 일을 기록하고 하나씩 처리해나갔다. 미래의 막연한 두려움이 조금씩 사라져 갔다. 할 수 있다는 자신감이 차곡차곡 쌓였다.

9/20 Tue Event	**9/20 Tue** Event
● 보고서 작성	⊖ 보고서 작성
● 헬스 40분	✚ 헬스 40분
● 긍정의 확언하기	✚ 긍정의 확언하기
● 펜(스테들러)주문하기	✚ 펜(스테들러)주문하기
● 휴대폰 배경화면 바꾸기	✚ 휴대폰 배경화면 바꾸기
●	●
● 저녁:현미채식	✚ 저녁:현미채식
● 아내에게 편지쓰기	✚ 아내에게 편지쓰기
● 책 읽기(보도 셰퍼의 돈)	● 책 읽기(보도 셰퍼의 돈)

목표를 종이에 적고   **피드백하기**

어머니의 조언과 나의 선택은 항상 반대였다. 수능 이후 어머니는 재수 대신 전문대를 가라고 했다. 삼수를 결심했을 때도 삼수 대신 아무 대학이나 가라고 했다. 교사 되는 것을 포기하고 군인의 길을 가겠다고 했을 때도 군인을 하지 말고 교사를 하라고 했다. 군인을 그만두고 나의 길을 가겠다고 하니 이번에는 군인을 계속하라고 한다. 하지만 나의 선택은 언제나 어머니의 반대편에 있다. 아니, 반대편이 아니라 내가 희망하는 대로 살고 싶었다. 어머니의 조언은 당연하다. 어머니는 생존을 위해 애썼다. 항상 안정적인 길로 향했다. 반면 나는 꿈을 쫓는다. 생계를 겨우 해결하는 삶을 살고 싶지는 않았다. 경제적 자유를 이룩하고 세상에 선한 영향력을 전달하는 사람이 되고 싶었다. 꿈을 포기하는 순간 삶에 흥미가 없어진다. 지금처럼 살아도, 크게 노력하지 않아도 그럭저럭 생명은 유지되기 때문이다.

가장 큰 자신감의 원천은 부모의 믿음이라 했다. 어머니는 내게 믿음을 심어주진 않았다. 대신 생존을 위해 노력하는 모습을 보여주었다. 치열한 삶 속에서 홀로 자식 둘을 키워냈다. 주부로 살아온 어머니가 아들 둘을 홀로 키워냈다는 것에 감사하다. 쉬운 일이 아니었음에 틀림없다. 가슴으로 얼마나 많은 울음을 삼켰을까. 생존이 우선인 어머니는 자녀를 돌볼 틈이 없었다. 내게 따뜻한 말, 자신감을 북돋아 주는 말을 하는 것도 어려웠을 테다. 당장 오늘 하루를 살아내는 일이 가장 중요한 문제였다.

부모님 대신 내게 꿈과 희망을 준 것이 있다. 바로 종이다. 꿈과 목표를 적은 종이 말이다. 굉장히 사소한 목표를 종이에 적었다. 이 목표를 하나씩 이뤄가면서 스스로에 대한 믿음이 생겨났다. 할 수 있다는 자신감이 자랐다.

거대한 꿈을 한 번에 이루는 것은 불가능하다. 비현실적이다. 그러나 그 꿈을 위한 목표를 성취하는 것은 실현가능성이 높다. 100억을 모으는 것도 오늘 만 원을 절약하고 저축하는 것에서부터 시작된다. 메이저리그 야구선수가 되는 것도 스윙 연습 한 번을 더 하는 것에서 출발하지 않는가.

대기업에 다니는 친구, 많은 재산을 물려받은 친구, 아버지의 든든한 그림자가 있는 친구들이 부러웠다. 허나 이는 이룰 수 없는 꿈이다. 한숨만 내쉬고 있을 수는 없다. 심호흡 한 번 하고 다시 내 삶으로 돌아와야 한다. 대신 내겐 거대한 꿈을 적은 종이가 있다. 내 삶을 바꿔줄 종이 말이다.

꿈을 적은 종이가 있다.
꿈을 이루기 위한 목표도 있다.
꿈과 목표가 있다면 희망이 있는 것이다.

2장

성공을
위한
스텝

우리 밀을 이용하여 천연 발효 빵을 만드는 유명한 빵집이 대구에 있다. 조성수, 조인수 형제가 운영하는 《우리밀 레헴》, 《우리밀 풍미》다. 세상에서 가장 건강한 빵을 만날 수 있다. 물론 맛도 아주 좋다. 아내와 나는 이들의 빵이 아니면 다른 빵은 입에도 대지 않는다.

《우리밀 레헴》과 《우리밀 풍미》의 성공 비결은 정직에 있다. 화학제품을 이용하면 아침에 반죽해서 당일 바로 빵을 구울 수 있다. 반면 천연 발효 빵은 저온에서 장시간 숙성 시켜야 한다. 48시간에서 72시간의 저온숙성이 필요하다. 효모가 일을 할 수 있도록 시간을 줘야 하기 때문이다. 빵을 만드는 재료도 중요하다. 아토피를 가진 사람들이 빵을 먹을 수 있도록 동물성 재료는 사용하지 않는다. 가급적 우리 땅에서 자란 신선하고 가공되지 않은 재료를 사용한다. 우리 밀을 사용하는 것은 기본이다.

맛있는 짬뽕은 닭 뼈로 정성들여 끓인 육수가 있어야 한다. 향긋한 커피는 콩 재배에서부터 로스팅, 드립까지의 노력이 필요하다. 헬스장 방문 한 번에 몸짱이 된다면? 알약 하나로 다이어트가 된다면? 대박 아이템이 될 것이다. 이런 대박은 현실에서는 만날 수 없다.

로또 당첨을 바라는 것보다 로또 같은 인생을 만드는 것이 훨씬 빠르다. 성공에는 과정이 필요하다. 정직한 스텝을 밟아야 한다. 그러려면 시간이 걸리고 노력과 인내가 필요하다. 제대로 된 과정을 이어갔을 때 로또 같은 삶이 펼쳐진다.

희망이 없는 사람의 눈빛을 보았는가

실패에서 머문다면 실패자다.
실패를 딛고 일어서면 성공 스토리다.
나는 오답노트를 통해 성공 스토리를 쓰기로 결심했다.

당연히 합격할 것이라 생각했다. 동기 중 누군가는 붙고 누군가는 떨어졌다. 떨어진 사람이 나였다. 나는 떨어지면 안 되는 사람이었다. 생계의 문제가 눈앞에 닥쳤다. 임용고시에 떨어진 교대 졸업생은 할 것이 없었다. 군대도 가야 했다. 임용고시에 합격하고 군대에 갈 셈이었다. 장교로 군 복무를 할 계획이었다. 군 복무 기간도 교사 호봉에 합산되기에 일석이조였다. 계획은 물거품이 되었다. 힘겹게 쌓은 모래성이 파도 한 번에 무너졌다. 지난 4년의 대학교 생활이 무의미해졌다.

임용고시가 일 년에 몇 번씩 있는 것도 아니었다. 일 년을 기다려야 한다. 선택의 기로에 놓였다. 수험생을 1년 더 할 것인지, 군대에 갈 것인지. 그런데 나는 암기를 너무 못 했다. 특히 무작정 외워야 하는 것에는 젬병이었다. 임용고시에는 논리가 없다. 그냥 외워야 한다. 실패하면 이런저런 핑계가 생기기 마련이다. 암기에 재능이 없고, 시험에 논리가 없다느니 여러 말이 많다. 모두 실패한 사람들의 이야기다. 어쩌면 절박함이 부족했을지도 모른다. 간절했다면 이런저런 핑계 없이 단번에 시험에 붙었을 것이다.

교대에 간 것은 가정형편 때문이었다. 정말 가고 싶은 학교는 경희대 조리과학과였다. 유명한 요리사가 되고 싶었다. 그에 걸맞은 공부를 최고의 학교에서 하고 싶었다. 우리나라에서는 경희대가 가장 유명하다. 교수진, 학교 시설, 동문들의 인프라가 좋았다. 무엇보다 학생들의 자부심이 가장 높다.

삼수 끝에 아주 좋은 성적을 받았다. 경희대에 가기에는 충분한 점수였다. 문제는 현실의 벽이다. 점수와는 달리 거대한 장벽이 눈앞에 놓였다. 점수만으로 학교를 갈 수 있는 것은 아니었다. 돈이 필요하다. 대부분은 점수가 모자라 원하는 학교에 못 들어간다. 반면 나는 학비가 문제였다. 아니, 학비는 어떻게든 마련한다 치더라도 생활비가 문제였다. 매달 들어가는 집값과 생활비는 내 형편에서 해결하기 힘들었다.

한 살 터울의 사촌누나가 있다. 누나는 대구교대에 다니고 있었다.

"교대도 좋아. 중간고사가 없거든. 공부는 조금만 하면 돼.

과외도 엄청 많이 들어온다? 등록금이랑 생활비는 충분히 벌 수 있지.

시간도 많잖아? 네가 하고 싶은 것은 마음만 먹으면 다 할 수 있어.

선배들 보니 임용고시 다 붙더라. 걱정할 게 없잖아!"

누나는 예나 지금이나 말을 참 잘한다. 그렇게 해서 선택한 학교가 대구교대였다. 집에서 다닐 수도 있고, 과외를 하며 돈도 벌고, 졸업 후에는 안정된 직장을 얻을 수 있는 곳이었다.

교대는 특이한 집단이다. 어느 하나 빠짐없이 진로가 정해져 있다. 모두가 초등학교 교사가 되기 위해 대학에 들어왔기 때문이다. 교사가 되려면 학교를 졸업하는 것과는 별개로 임용고시를 통과해야 한다. 그래야 정규직이 된다. 예외란 없다. 시험에 통과하지 못하면 교사가 될 수 없다. 다시 말해 지난 4년의 노력이 헛된다. 시험에 실패했으니 앞이 보이지 않았다. 학교에 가서 친구들을 보는 것이 민망했다. 가족들 앞에서는 무슨 말을 할 수 있었을까. 쥐구멍에라도 들어가고 싶었다.

스스로 위로했다.

'나는 원래 아이들을 좋아하지 않잖아?'

'교사가 내 꿈은 아니잖아? 나는 요리사가 될 것이야!'

'교사? 안 해도 되지. 그거 말고도 할 게 없겠어?'

그럼에도 마땅한 대안은 없었다.

'일단 군대라도 가자.'

군대 가기 전에 남는 시간이 있었다. 생각보다 긴 시간이었다. 졸업 후 6개월 정도의 시간이었다. 이왕 이렇게 된 것, 마지막이라는 생각으로 교사를 해보기로 했다. 적성에 맞는지 알아보려면 일단 해보는 것 말고는 알 방법이 없다.

기간제 교사를 해보기로 했다. 비정규 임시직이다. 수원에 있는 우만 초등학교에 지원을 했다. 월드컵경기장이 내려다보이는 아름다운 학교였다. 면접을 보고 바로 일해도 좋다고 했다. 눈 깜짝할 사이에 백수에서 초등학교 담임선생님으로 변했다. 4학년 4반의 담임이었다. 학교 근처에 거주할 집을 얻었다. 드디어 독립이었다.

쉬는 시간이면 책상 주위로 여학생들이 빼곡히 모여들었다. 학교 전체에 남자 선생님이 몇 없었다. 게다가 젊은 남자 선생님은 희귀할 정도였다. 젊은 남자 선생님이 담임으로 왔으니 신기했을 것이다. 게다가 경상도 사투리를 쓰는 사람은 호기심 대상이었다. 저녁이면 수원 월드컵경기장을 몇 바퀴 뛰었다. 운동을 하다 보면 가끔 학생들을 만났다. 저 멀리서 선생님을 외치며 달려오는 아이들을 만날 때면 왠지 모를 보람을 느꼈다. 행복한 학교생활을 했다.

임시였지만 걱정 없이 생활했다. 돈도 충분했고, 출근할 곳도 있었고, 퇴근 후에 함께할 친구들도 있었다. 그런데 미래가 없었다. 꿈이 점차 희미해졌다. 열여덟에 꿈다운 꿈이 생겼다. 어렸을 때 누구나 생각해본 대통령, 경찰관, 소방관, 과학자 같은 꿈이 아니라 진짜 꿈 말이다. 정말 간절히 바랐다. 요리사가 되는 꿈이었다. 미국에서 요리사가 되어 나만의 레스토랑을 운영하고 싶었다. 미국에 한 번도 가본 적은 없지만 간절히 소망했다. 그 꿈이 점차 옅어졌다.

미국에는 세계 최고의 요리학교가 있다. C.I.A.(Culinary Institute of America)라는 곳이다. 이곳에 다니려면 학비와 생활비를 합쳐 1억 이상이 필요하다. 꿈의 학교였다. 이런 큰돈이 있을 리 만무했다. 돈을 모아야 했다. 수중에 100만 원도 없는 사람이 1억을 모아야 했다. 1년에 1,000만 원씩 모아도 10년 이상 걸리는 일이었다. 안정된 직장도 없었다. 기간제 교사는 5달 후면 끝이다. 군대도 3년이면 끝이다. 그 뒤에는 무엇을 할 것인가? 어떤 일을 해서 돈을 벌고, 어떤 방법으로 미국에 갈 수 있을까?

교대를 간 것은 어쩔 수 없는 선택이었다. 교사가 되는 것은 내 꿈이 아니었다. 생계를 위한 선택이었다. 그마저도 녹록치 않았다. 남들은 참 쉽게 교사가 되는 것 같은데 내 삶에 쉬운 일은 없었다. 부모님이 주시는 돈으로 대학을 다니는 친구들이 부러웠다. 부모님이 주는 용돈으로 산악자전거를 타고 테니스 레슨을 받는 친구가 부러웠다. 친구에게 커피 한 잔 부담 없이 살 수 있는 친구들이 부러웠다. 임용고시에 붙는 친구들이 부러웠다. 시험에 떨어진 나는 순식간에 외톨이가 되었다.

다행인 것은 어렸을 때부터 생존 능력이 발달한 나였다. 어디서든 살아남아야 했다. 부모님과 떨어져서도 살아냈고, 동생과 둘이서 밥해 먹으면서도 살아냈고, 혼자 힘으로 대학을 다니며 살아낸 인생이었다. 실패에 머물고 있을 시간이 없었다. 또 다른 생존을 위해 살아내야 했다. 내겐 꿈이 있었다. 이왕 이 세상에 존재한 이상 꿈을 이루어야 했다.

실패에서 머문다면 실패자다.

실패를 딛고 일어서면 성공 스토리다.

나는 오답노트를 통해 성공 스토리를 쓰기로 결심했다.

이거라도 해보자,
어느 날 바인더와 함께

궁지에 몰린 쥐는 고양이를 공격한다.

나라고 못 할까.

책상이 아수라장이다. 도둑이라도 다녀간 것처럼 어지럽혀져 있다. 주말을 보내고 출근한 사무실이 난장판이었다. 책상 위를 살펴보니 지퍼백이 뜯겨져 있었다. 이빨로 물어뜯은 흔적. 비타민 씨가 들어있던 봉투였다. 쥐였다. 얼마나 배가 고팠으면 열량도 없는 비타민까지 먹었을까.

책상 위를 물티슈로 닦았다. 손 세정제로 소독까지 했다. 찝찝했다. 쥐가 사무실을 활보하는 것도 모자라 책상 위까지 올라오다니. 대단하다. 책상과 캐비닛 밑을 살폈다. 다행히 쥐는 보이지 않았다. 쥐가 다닐 만한 구멍을 찾아다녔다. 대체 어디로 다닐 수 있었을까.

천장은 막혀 있다. 출입문도, 창문도 모두 닫았다. 구멍이 하나 있긴 했다. 에어컨과 실외기가 연결된 관이 지나가는 구멍이다. 설마하는 생각이 스쳤다. 쥐라면 통과할 수 있을 것 같았다. 쥐는 사람의 생각 이상이다.

이번 한 번이 아니었을 것이다. 그 전에도 쥐는 계속 다녔다. 발견을 못 했을 뿐. 이대로 두고 있을 수는 없었다. 뭐라도 해야 했다. 쥐가 다니는 구멍에 종이를 구겨 넣고 테이프로 막았다. 설마 이 정도는 못 뚫겠지. 다음날 아침 깜짝 놀랄 수밖에 없었다. 쥐가 종이를 뜯은 흔적이 바닥 여기저기 널려 있었다. 쥐가 또 들어왔다 나간 것이다. 대단하다. 어떻게든 살겠다고 먹을 것도 없는 사무실에 왔다갔다 하는 쥐였다. 하는 수 없이 쥐덫을 놓았다. 과자를 쥐 덫 안에 넣었다.

"쥐다!"

"쥐야 쥐!"

"뭐야? 잡혔어?"

쥐덫을 놓은 지 1시간도 안 되어 문제의 쥐가 잡혔다. 사무실 사람들이 조용히 일만 하고 있을 즈음이었다. 사무실에 아무도 없다고 생각했는지 구멍으로 몰래 나왔다. 그리고는 덫에 걸렸다. 사람들이 주변으로 몰려가자 쥐는 철로 된 쥐덫을 물어뜯었다. 필사적으로 도망치려고 했다. 쥐는 생명을 걸고 철망을 쿵쿵 박아댔다. 궁지에 몰렸기 때문이다.

쥐도 생명이 걸렸을 때는 뭐든지 할 수 있는 최대의 노력을 한다. 뚫을 수 없는 장벽을 물어뜯고 몸으로 부딪힌다. 불가능에 도전한다. 뭐라도 해야 한다. 나라고 못 할까. 세상에서 가장 소중한 나를 위해서 뭔들 못할까.

전략을 바꾸기로 했다. 임용고시에 목숨을 걸다가 아무것도 되지 않을 것 같았다. 시간은 흐르고 나이는 들어간다. 전역은 가까이 다가오고 백수가 되는 두려움이 몰려왔다. 모아둔 돈은 별로 없었고 다시 집으로 돌아가 어머니에게 신세를 질 수는 없었다. 할 수 있는 것이 무엇인지 살폈다. 그 무렵 만난 것이 책이었다.

《성공을 바인딩하라》는 인생을 바꾸게 해준 터닝 북(Turning Book)이었다. 이 책의 저자 강규형 씨는 바인더에 꿈과 목표를 쓰고, 바인더를 활용하여 업무 관리를 한 덕분에 인생이 바뀌었다고 했다. 그의 이야기에 공감했다. 명확한 방법을 제시한 그의 말을 믿고 따라해 보기로 했다. 밑져야 본전이다. 나는 잃을 것이 없었다.

사사분면으로 보면 더욱 명확해진다. 종이에 꿈과 목표를 쓴다고 해서 손해 볼 것이 없다. 우선 돈이 들지 않는다. 종이는 도처에 널렸다. A4 용지는 흔하디흔하다. 책장에 꽂혀 있는 먼지 묻은 수첩은 얼마나 많은가. 심지어 커피를 마시고 도장을 모으면 다이어리까지 받을 수 있는 세상이다. 종이에 목표를 쓰고 꿈이 이루어지지 않는다고 한들 손해 볼 것은 없다. 50%의 확률이다. 인생 역전에 성공하거나 아무 일도 일어나지 않거나 둘 중에 하나다. 후자여도 손해는 보지 않는다. 내가 쓴 것은 종이 밖에 없으니 말이다.

종이에 꿈과 목표를 쓰지 않는 것은 로또를 노리는 것과 비슷할지도 모른다. 아무 노력도 하지 않으면서 변화를 바란다는 것. 허공에 모래를 던지며 모래가 다이아몬드로 바뀌기를 바라는 마음일까. 극히 적은 확률로 성공을 바라는 삶을 살고 싶지는 않았다.

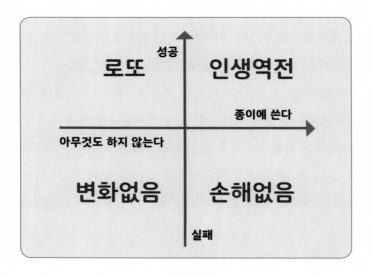

처음에는 A4용지에 꿈을 적었다. 종이를 가만히 보고 있자니 꿈이 몇 개 생각나지 않았다. 10분에 10개도 채 쓰지 못했다. 멍하니 종이만 바라보았다. 그리고는 며칠 지나면 그 종이가 흔적도 없이 사라졌다. 일회성에 그쳤다. 한 번 쓴 종이는 다시 쳐다보지 않았다. 이렇게 해서는 효과가 없었다.

다음에는 컴퓨터에 꿈을 적었다. 컴퓨터는 편집과 수정이 자유롭다. 하루 종일 컴퓨터에 앉아 일을 해서 그런지 꿈과 목표를 계속해서 적을 수 있었다. 다만 컴퓨터를 켰을 때만 사용할 수 있다는 단점이 있었다. 꿈이 생각날 때마다 바로바로 적을 수가 없었다.

전략을 바꿨다. 컴퓨터의 장점과 종이의 장점 모두를 택할 수 있는 방법이 있었다. 꿈과 목표를 적는 것은 컴퓨터로 하되, 그것을 종이로 인쇄하여 들고 다니기로 했다. A4 용지를 몇 번 접으면 주머니에 쏙 들어가니 휴대하기가 좋았다. 종이를 잃어버린다고 해도 언제든 인쇄할 수 있으니 안심이었다. 내 인생에 비로소 변화가 시작된 시점이었다.

본능을 뛰어넘어야 하는 것이 있다. 운동과 독서, 꿈과 목표를 종이에 적는 것이다. 배가 고프면 자동으로 냉장고를 뒤지게 된다. 매력적인 이성을 보면 자동으로 시선이 따라간다. 본능이기 때문이다. 반면 운동은 힘이 든다. 시간도 제법 오래 걸린다. 하기 싫을 때가 더 많다. 운동을 하지 않으면 하루는 길어지지만 인생은 짧아진다. 그 하루하루가 모여 내 몸이 된다. 건강한 몸은 하루아침에 만들어지지 않았다. 오랜 세월 다듬어야 한다.

꿈과 목표를 종이에 적는 것은 귀찮은 일이다. 그러나 해야만 하는 일이다. 지금의 삶이 만족스럽지 않다면 지금의 삶과 다른 행동을 해야 결과가 바뀐다. 같은 행동을 하면서 다른 결과를 바라는 것은 도둑의 마음이다.

나는 절박했다. 무엇이라도 해야 했다. 시행착오를 줄여야 했다. 시행착오를 줄이는 방법은 성공한 사람의 방법을 따라 하는 것이다. 요리에도 방법이 있다. 조리법을 따라 하면 적어도 망치지는 않는다. 평균 이상의 맛을 낸다. 성공도 마찬가지라 생각했다. 성공한 방법을 따라 했다. 성공한 사람들이 종이에 꿈과 목표를 적으라고 했다. 나도 종이에 꿈과 목표를 쓰기 시작했다. 그것이 내가 첫 번째로 할 일이었다.

편의점에 가서 점원에게 이렇게 말해보시라.

"이거 좀 주세요."

"이게 뭔데요?"

"이거요."

"그러니까 손님이 원하는 것이 무엇이에요?"

"이거 주세요."

"아니 그러니까 손님이 말씀 하시는 이것이 무엇인지 말씀해주세요."

우주는 내가 원하는 것을 종이에 적을 때 원하는 것을 준다. 원하는 것을 명확하게 종이에 적어야 한다. 자신이 원하는 것을 모르는데 세상 그 누가 나의 성공을 도와주겠는가. 꿈이 무엇인지 몰라도 좋다. 뭐라도 적어보자. 종이에 꿈과 목표를 적는 일을 꾸준히 하면 언젠가는 응답 받는다. 그것이 궁지에 몰린 쥐가 해야 할 일이다.

일단 꿈과 목표를 종이에 적어야 한다.

꿈과 목표가 먼저다

유명인의 음주운전 사건을 보며 생각했다.
'나는 꿈이 있어 다행이다.'
'나는 목표가 있어 행복하다.'

TV에서 보았던 제법 유명한 연예인 A씨는 이룰 것은 다 이룬 사람이다. 돈과 명예를 동시에 가졌다. 아쉬울 것 하나 없을 것만 같은 그가 음주운전으로 구설수에 올랐다. 어떤 이는 마약을 하고 도박판을 기웃거렸다. 세상 그 어떤 것도 부러울 것 없는 그들은 왜 이런 불미스러운 일에 연루되는 것일까.

이름만 들으면 모두가 아는 그였다. 이제 막 인기를 얻었고 거리를 누비면 사람들이 알아보기 시작했다. 게다가 아버지는 국회의원이니 소위 말하는 금수저다. 그런 그도 실수를 했다. 실수라고 하기엔 정도를 한참이나 넘어섰다. 값비싼 차를 타고 도심을 가로지르는 광란의 질주를 하다 뺑소니를 저질렀다. 다행히 크게 다친 사람은 없었다. 천만 다행이었다. 그는 음주운전 상태였다.

모든 것을 가진 것처럼 보이는 그였다. 무엇이 부족해서 자신과 다른 사람의 생명을 걸고 무모한 일을 저질렀을까. 어떤 드라마의 내용처럼 서울대학교에 합격한 뒤 비극적인 삶을 선택한 사람도 있다. 세상 모두가 부러워하는 서울대학교 의대였다. 나 같은 평범한 사람들은 이해하기 어려운 결과다.

공군도 음주운전은 아주 무겁게 다룬다. 음주운전 한 번으로 수십 년의 군 생활이 하루아침에 물거품이 될 수 있다. 아이러니 한 것은 같은 부대에 근무하는 누군가 음주운전을 하면 생겨나는 각종 교육이다. 음주운전을 일으킨 사람이 교육을 받아야 하는데, 음주운전을 하지 않은 수많은 다른 사람들이 음주운전 예방 교육을 받는다.

이런 지시사항을 받을 때면 두 가지 생각이 든다. 첫째는 '오죽하면' 하는 마음이다. 무엇이라도 하긴 해야 하는데 딱히 방법은 없고 교육이나 하자는 생각이 들어서일까. 여태까지 수없는 세월 동안 음주운전 예방 교육을 해왔을 텐데, 여전히 음주운전이 줄어들지 않는 것은 왜일까 하는 의문이 든다. 그럼에도 달리 방법이 없으니 '교육이나 해야지' 하는 마음이 들었을 것이다. 둘째로, 음주운전을 근본부터 뿌리째 뽑는 방법은 없을까 하는 것이다. '음주운전하지마세요'라는 교육으로 사람을 바꿀 수 없다면 어떤 일을 해야 할까. 음주운전을 예방하기 위한 보다 효과적인 방법은 없을까.

내 삶을 되돌아보았다. 10대에는 하지 말아야 할 일을 많이 하고 다녔다. 담배를 폈고 술도 마셨다. 어른들이 하지 말라고 하는 것일수록 더 많이 했다. 하면 안 되는 것이 더 재미있고 흥미로웠다. 시험기간에 노래방에 가면 어찌나 재미있던지.

이런 일도 생존을 해결해야 하는 현실을 마주하니 거들떠보지도 않게 되었다. 생존이 급했기에 담배 따위에 쓸 돈이 없었다. 놀고 마시는 것에도 흥미를 잃었다. 흥청망청 놀 시간도 돈도 없었다. 20대 초반의 내 삶이었다. 30대에 들어선 뒤로는 술조차 마시지 않게 되었다. 이런 내게 음주운전과 같은 사건은 일어날 수가 없다. 술 마시는 것에 관심도 없을뿐더러 소중한 내 삶을 파멸로 이끌 수도 있는 일에는 근처에도 가지 않게 되었다.

내 삶을 바꾼 것은 아이러니하게도 결핍이었다. 친구들은 부모님이 주는 돈으로 편안하게 학교를 다녔다. 학비는 당연하고 용돈까지 부모님이 해결해주었다. 당연해보였다. 부모님께 응당 받아야 할 서비스를 받는다고 생각했다. 그러나 우리 집의 경우에는 사치였고 할 수 없는 일이었다. 어머니 혼자 생계를 책임져야 했기에 당장 밥 먹고 살아 갈 생활비가 빠듯했다. 어머니는 가족의 생존을 위해 가진 역량을 모두 쏟아야 했다.

나와 동생의 대학 등록금과 용돈은 우리 몫이었다. 모든 것은 스스로 해결해야 했다. 일을 해서 등록금을 마련하고 용돈을 충당해야 했다. 버스비를 아끼고자 자전거를 타고 학교에 다녔다. 학교까지는 10km가 조금 못 되는 길이었다. 여름이면 땀범벅이 되어 학교에 도착했다. 학교에 도착하자마자 샤워를 하고 수업에 들어가야 했다. 틈나는 시간에는 운동을 하고 도서관에서 공부를 했다. 카페에서 친구들과 여유를 즐길 시간이 없었다. 생존을 해결해야 했기 때문이다.

　군대에 와서는 더 나은 삶을 향해 돌진했다. 내 삶을 성공적으로 누리며 살고 싶었다. 한 번 사는 인생, 제대로 살아보고 싶었다. 다만 방법을 몰랐다. 그저 머릿속으로 고민만 했다. 그러다 만난 것이 바인더와 독서였다. 바인더에 꿈과 목표를 적고 독서를 통해 지식을 채워갔다. 성공한 사람들의 이야기를 듣고 실천하고 삶에 적용했다. 더디었지만 성장했다. 그러면서 조금씩 삶이 바뀌어갔다.

　내게는 꿈이 있었다. 잘 살고 싶은 꿈이 있었다. 해외여행 한 번 못 가보고 30년이 지났다. 남들은 방학마다 해외여행을 가는데 나는 생존을 해결하느라 일터를 벗어나보지 못했다. 이렇게 살다가는 고급 승용차 한 번 못 타보고 관 뚜껑을 닫아야 할지도 몰랐다. 해외여행 가는 것, 좋은 차를 타보는 것, 돈 걱정 없이 고급식당에서 음식 주문하는 것, 부모님께 넉넉한 용돈 드리는 것, 가족들과 멋진 집에서 살아보는 것, 내게는 소중한 꿈이 있었다.

꿈을 이뤄내야 했다. 간절히 바랐다. 간절한 꿈은 생각만으로 이룰 수 있는 것이 아니다. 실천으로 성취할 수 있다. 생각은 단지 출발점에서 총성을 울리는 것과 같다. 결국은 두 발로 달려야 결승점에 도착할 수 있다.

꿈을 쪼개면 목표가 된다. 꿈은 현재로서는 이루기 힘든 것이지만 목표는 실현가능한 것이다. 예를 들어 '100억 현금 자산을 가진 부자가 되는 것'은 꿈이지만, '올 해 1,000만 원을 모으는 것'은 목표다. 꿈을 성취하라면 꿈을 향한 목표를 세워야 한다. 꿈만 가져서는 꿈만 있는 사람이 되고 만다. 꿈을 향한 목표를 세우고 목표를 위해 행동해야 한다. 그 덕분에 지금의 내가 되었다. 현실에 주저앉았다면 지금의 나는 존재하지 않았을 것이다.

결핍이 내게 꿈과 목표를 가져다주었다. 가난에서 탈출하고자 공부했고 직업을 가졌다. 이제는 부자가 되고자 그 직장에서 벗어나 더 나은 미래를 향해 도전하고 있다. 꿈과 목표가 내 삶을 바꾸었다. 생존을 걱정하는 삶에서 미래를 기대하는 삶으로 바뀌었다. 뒷골목에서 담배를 물고 있던 고등학생이 여러 사람들 앞에서 꿈과 목표를 강의하는 강사가 되었다. 문제만 일으키던 양아치의 삶을 바꾼 것은 바로 멋진 꿈과 목표가 있었기에 가능했다. 실천해서 성취해냈다.

나의 이야기를 다른 사람들에게 들려주면 어떨까 생각했다. 진심을 담아 내 삶의 변화를 증언하는 일은 내가 잘 할 수 있는 일이다. 너무나 가난했던 한 청년이 꿈과 목표를 종이에 적은 뒤 달라진 삶에 대해 이야기를 나눈다. 부모님의 이혼과 가난을 겪었고, 각종 시험에서 떨어지고 미래가 막막했던 한 사람의 이야기다. 평균 이하의 삶을 살았던 사람이 꿈과 목표를 종이에 적고 난 뒤 겪었던 놀라운 체험을 들려준다.

그리고 각자의 꿈과 목표를 종이에 적게 한다. 서너 개의 꿈을 겨우 적는 사람이 있는 반면 종이 한 장을 가득 채운 사람도 있다. 그동안 어떤 생각을 하며 살아왔는지에 따라 달라진다. 꿈과 목표를 적은 것을 바탕으로 4명씩 짝을 지어 각자의 꿈과 목표를 공유하는 시간을 보낸다. 이렇게 하면 2시간이 훌쩍 지나간다.

꿈과 목표를 말하면 놀라운 일이 벌어진다. 꿈을 말하는 순간 내가 그 꿈을 이루기 위해 노력하게 된다. 무의식적으로 사람이 변한다. 꿈을 향한 길을 조언해 주는 사람도 생겨난다. 말하기 전에는 누구도 모른다. 꿈은 말하고 다녀야 한다. 그래야 돕는 사람이 나타나고 꿈을 향해 더 많은 노력을 기울이게 된다.

꿈과 목표가 있는 사람은 설렘과 기대로 가득하다. 꿈과 목표가 있는 사람에게 음주운전과 같은 불미스러운 사건은 일어나지 않는다. 긍정과 활기찬 에너지만 있을 뿐이다. 꿈과 목표가 있어야 의지가 생긴다. 꿈이 있으면 왜 살아야 하는지, 지금 무엇을 해야 하는지 깨닫게 된다. 꿈과 목표를 종이에 적는 순간 삶은 바뀔 것이다.

나는 꿈이 있다.
고로 행복하다.

운동 미니멀리즘, 성공 미니멀리즘

운동에는 최적의 방법이 있다.
운동선수는 하루 종일 운동만 하지 않는다.
성공에도 최적의 방법이 있다.
그것을 알아내는 순간 모든 것은 단순하고 명쾌해진다.

《운동 미니멀리즘》이라는 책이 있다. 제목이 매력적이다. 결제를 하고 책이 오기를 기다렸다. 택배가 도착했다. 하얀 색의 깔끔한 표지, 비교적 작은 크기의 책이다. 책 크기부터 마음에 들었다. 책 표지에는 제목 외에는 별다른 포장도 없다. 제목답게 구질구질한 설명 없이 깔끔했다. 미니멀리즘을 제대로 보여주는 책이었다. 글자 크기도 충분히 크다. 군데군데 사진도 있어 이해하기 쉽다.

내용도 마찬가지다. 이것저것 여러 운동할 것 없다고 했다. 중요한 운동 몇 가지만 하면 된다. 운동시간도 몇 시간이나 투자를 할 필요가 없다. 하루에 40분, 그것도 딱 3일만. 나머지 3일은 20분만

하면 된다. 일주일에 하루를 쉰다. 매일 조금만 투자하면 되는 방법이다.

저자는 정말 필요한 운동을 짧은 시간에 집중해서 하는 것이 중요하다고 했다. 물론 몸의 회복과 성장을 위한 음식도 미니멀리즘이다. 이것저것 너무 많은 음식을 먹어야 한다면 실천할 수 있는 사람이 얼마나 될까. 건강하고 아름다운 몸매를 유지하는 것은 독한 의지를 가진 사람들의 전유물이어야 하는가. 아니다. 누구나 조금만 노력하면 성취할 수 있는 목표라고 했다. 단, 제대로 된 방법을 따른다는 전제 조건을 만족시키면 말이다.

《생각의 비밀》의 저자인 글로벌 도시락 기업 'Snow Fox' 회장 김승호는 말했다. 성공하고 싶은 사람이 반드시 해야 할 일은 집 밖으로 나가 운동을 하는 것이라고. 우선 팔굽혀 펴기 100개를 목표로 운동을 시작하라고 했다. 어려운 일도 아니다. 특별한 도구 없이 신발만 신고 집 밖으로 나가면 된다. 아무 곳에서 두 팔을 땅에 집고 팔굽혀 펴기를 하는 것, 누구나 할 수 있는 일이다. 이처럼 성공은 아주 사소한 습관에서 출발한다.

내 인생을 바꾸는 것도 마찬가지였다. 가진 것 하나 없던 내가 지금은 한 가정의 가장으로, 성공을 꿈꾸는 사람들에게 강의를 하는 사람이 되었다. 대단히 어려운 비법을 실천한 것이 아니었다. 단지 종이 위에 꿈과 목표를 적었다. 거대한 꿈을 향해 아주 잘게 쪼

갠 목표를 하루하루 실천하고 평가했다. 오늘 끝내지 못 한 일은 다음날 다시 도전했다.

여기 두 명의 사람이 있다. 둘 다 100억 부자를 꿈꾸는 사람이다. A씨에게는 100억은커녕 1,000만 원도 없었다. 그에게 100억의 꿈은 너무나 멀게 느껴졌다. 지금 당장 가진 것 하나 없었기에 100억이라는 액수가 가능키나 하냐고 스스로 물었다. 100억을 벌겠다는 꿈은 점점 희미해져 갔다. 오늘 하루 겨우겨우 살아가고 있었던 그에게 100억은 허황된 꿈처럼 느껴졌던 것이다. 결국 그의 꿈은 사라졌다. 그는 여전히 하루하루를 힘겹게 살아내고 있다.

B씨는 A씨와 마찬가지로 100억 부자를 꿈꾸는 사람이다. 물론 그에게도 재산이라고는 하나도 없었다. 그러나 그는 꿈을 포기하지 않았다. 꿈을 포기하는 대신 그는 꿈을 잘게 쪼개었다. 1억은 힘들어도 1,000만 원은 모을 수 있을 것 같았다. 1,000만 원을 모으기 위해서는 매달 85만 원만 저축을 하면 되었다. 85만 원을 저축할 계획을 세웠다. 우선 근검절약 했다. 종잣돈을 모으기 위해서는 무엇인가 희생해야 했다. 당장 불필요한 보험을 정리하고 휴대폰과 인터넷 요금을 바꾸었다. 자동차는 최소한으로 운행하고 대중교통을 타기 시작했다. 외식을 줄이고 집에서 밥을 먹었다. 부업도 시작했다. 스마트스토어를 오픈했다. 적은 자본으로 시작할 수 있는 사업이었기 때문이다. 큰돈은 아니라도 매달 30만 원만 더 번다는 생각으로 사업에 뛰어들었다. 놀라운 일은 이때부터 시작되었다. 부

업으로 시작한 인터넷 쇼핑몰의 매출이 계속 상승했다. 생각을 뛰어넘는 매출이었다. 쇼핑몰의 가능성을 보고 더 열심히 사업에 매진했다. 1년이 지나 보니 월급만큼 많은 이익을 내고 있었다. 일 년의 저축액을 보았다. 계획했던 1,000만 원을 훌쩍 넘어 2,000만 원을 모을 수 있었다.

성공은 꿈의 크기와는 상관없다. 꿈이 크든 작든 사람마다 기준은 다르다. 다만 꿈을 이루는 방법은 같다. 꿈을 가능한 작은 목표로 쪼개어 실천하면 된다. 큰 꿈을 당장 이루기는 어렵지만 작은 목표를 달성하는 것은 생각보다 쉬운 일이다. 이 책 한 권을 쓰는 데는 자그마치 A4 용지 80매 분량의 글이 필요하다. 80매의 원고를 하루아침에 완성할 수 있을까. 하루 만에 끝내려고 했다면 이 책은 세상에 나오지 못했을 것이다. 저자인 내가 하는 일은 하루에 30분씩 노트북 앞에 앉는 일이 전부다. 한 문단이 되었든 한 장이 되었든 어찌되었건 조금의 글을 쓰는 것이 목표였다. 책 한 권 세상에 내기 위해 아주 대단한 일을 한 것이 아니다. 그저 컴퓨터 앞에 앉아 타자를 쳤을 뿐이다. 평범한 일을 꾸준히 하는 것, 그것이 성공의 비결이다.

미국으로 위탁교육을 받으러 갔을 때였다. 텍사스(Texas)주에 있는 샌안토니오(San Antonio)에서 교육을 받았다. 샌안토니오는 미 공군의 교육사령부가 있는 곳이다. 때마침 미국 동부에 살고 있는

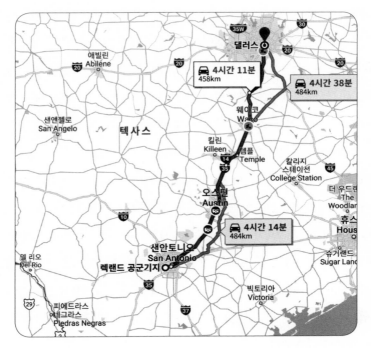

텍사스 지도

　고모네 가족이 댈러스(Dallas)로 이사를 왔다. 아는 사람이라고는 하나도 없는 샌안토니오에서 주말을 보내는 대신 매주 고모가 있는 댈러스로 갔다. 9주간 이 거리를 왔다 갔다 했다. 샌안토니오와 댈러스의 거리는 285mile, 460km 정도 된다. 서울과 부산의 거리가 400km다. 서울과 부산보다 먼 거리를 매주 왔다 갔다 한 셈이다.

　서울과 부산을 왕복하는 것은 그나마 낫다. KTX가 있기 때문이다. 그러나 광활한 땅인 텍사스에서는 기차로 이동하는 것은 어림도 없다. 그나마 물자를 실어 나르는 기차가 있기는 하지만 시속 40km로 운행한다. 텍사스 주의 땅의 크기는 한반도의 3배에 달한다. 이런 큰 땅에 고속열차가 있을 리 만무하다. 이 거리를 매주 차를 몰고 가는 것은 큰 결심이 있어야 했다.

처음에는 텍사스의 자연을 만끽한다는 생각으로 운전이 재미있었다. 끝없는 평원 위에서 한가로이 풀을 뜯는 소를 보는 것은 축복과 같았다. 군데군데 있는 휴게소도 재미있는 풍경이었다. 한국의 휴게소와는 그 모습이 많이 달랐기 때문이다. 즐거움도 잠시였다. 넉넉잡아 6시간은 운전해야 했기에 3시간이 넘어가서는 언제 도착할 수 있을까 답답했다. 오후 3시에 출발해도 저녁 9시는 되어야 댈러스에 도착할 수 있었다. 이것이 한 주 한 주 반복되면서 운전만 생각하면 끔찍했다.

생각을 바꾼 것은 작은 도시들에서 만날 수 있는 맛있는 음식이었다. 6시간의 운전을 버티려면 중간중간 자주 쉬어야 한다. 덕분에 그 도시만의 특색 있는 식당에서 맛있는 음식을 즐길 수 있었다. 특히나 샌안토니오에서 2시간 정도를 가면 텍사스 주의 주도인 오스틴(Austin)이 있다. 오스틴은 멋진 레스토랑이 많다. 매주 골라가며 맛있는 레스토랑에 들렀다. 어느 날은 멕시코 음식점에서, 어느 날은 텍사스 특유의 바비큐 집에서, 어느 날은 품격 있는 고급 레스토랑에 들러 밥을 먹었다. 아무나 누릴 수 없는 호사였다.

샌안토니오에서 댈러스로 갈 때 나의 목적지는 오스틴이었다. 물론 최종 목적지는 댈러스이지만 당장 쉽게 갈 수 있는 곳을 목적지로 삼았다. 오스틴을 출발할 때도 마찬가지다. 댈러스가 목적지가 아니었다. 댈러스 남쪽에 있는 템플(Temple)이라는 작은 도시가 두 번째 목적지였다. 템플을 지나면 웨이코(Waco)가 다음 목적지다. 이렇게 중간중간 쉬는 곳을 바라보았다.

꿈이 있어야 한다. 꿈을 설정하지 않으면 어디로 가야 할지 모른다. 꿈은 일종의 목적지와 같다. 댈러스라는 목적지가 없다면 어떻게 될까. 샌안토니오에서 북동쪽으로 가야 댈러스가 나온다. 남동쪽으로 가면 휴스턴을 가게 된다. 서쪽으로 가면 멕시코 국경을 만난다. 내겐 댈러스라는 목적지가 있었기에 북쪽으로 향할 수 있었다. 꿈이 없는 것은 목적지가 없는 것과 같다. 목적지가 없는데 어디로 차를 운전해야 할까. 앞이 막막할 것이다. 꿈이 없다는 것은 지금 어떻게 살아야 할지 모른다는 것이다.

꿈이 있다는 것은 명확한 목적지가 있는 것이다. 차를 움직여 가기만 하면 된다. 물론 꿈을 향한 길 여기저기에 각종 어려움을 만나게 될 것이다. 잘 되지도 않는 영어를 써가며 기름을 채워야 한다. 때로는 타이어에 난 펑크를 수리해야 한다. 장애물은 뛰어넘을 수 있다. 이겨낼 수 있다. 나의 목적지는 댈러스였다. 댈러스까지 쉬지 않고 단 번에 가기는 힘들다. 오스틴에서도 한 번 쉬고, 템플에서도, 웨이코에서도 한 번씩 쉬면 결국 댈러스에 도착할 수 있다.

거대한 꿈이 있는가. 그렇다면 꿈을 잘게 쪼개어 성취할 수 있는 목표로 바꿔보자. 이 목표도 더 잘게 쪼개어 오늘 실천할 수 있는 더 작은 목표(To do list)로 바꾼다. 내가 당장 할 수 있는 아주 작은 목표, 그것을 오늘 실천한다. 이것이 성공을 위한 미니멀리즘이다.

운동에는 최적의 방법이 있다.

운동선수도 하루 종일 운동만 하지는 않는다.

성공에도 최적의 방법이 있다.

그것을 알아내는 순간 모든 것은 단순하고 명쾌해진다.

인생 정렬하기(Life Alignment)

자동차도 돈을 주고 타이어 정렬(Tire Alignment)을 한다.

우리 인생은 어떤가.

자동차 보다 말할 수 없이 소중한 우리 삶.

오늘 내 인생을 정렬해보자.

자동차 타이어가 오래 되면 안전상의 이유로 타이어를 바꿔야 한다. 빗길에서 제동거리가 길어지기 때문이다. 눈길에서는 보다 쉽게 미끄러진다. 더욱 위험한 것은 고속주행 중에 타이어가 터져 버리는 것이다. 어떻게 손 쓸 새도 없다. 너무나 위험한 상황에 노출된다. 돈 조금 아끼려다 큰 일 난다. 이 위험을 막고자 2~3년에 한 번은 타이어를 교체한다.

타이어를 바꾸면 꼭 해야 하는 일이 있다. 바로 타이어 정렬이다. 흔히 '얼라인' 이라고 한다. 얼라인먼트(Alignment)를 줄여서 부르는 말이다. 타이어 정렬을 하지 않으면 운전이 너무 피곤해진다.

핸들에서 손을 떼면 차가 한 쪽으로 쏠리기 때문이다. 차선 이탈을 방지하기 위해 강한 힘으로 핸들을 잡고 있어야 한다. 그렇지 않으면 다른 차선으로 쉽게 가버린다. 또한 타이어 마모도 심해진다. 차에 무리가 가는 것은 당연하다. 발에 맞지 않는 신발을 신고 마라톤을 뛰는 것과 같다.

타이어 정렬을 하면 비용이 든다. 몇 만 원은 줘야 한다. 정말 재밌는 것은 이 부분이다. 대부분의 사람들은 타이어 정렬에는 돈을 쓰면서 정작 자신의 인생에는 투자하지 않는다. 돈은 둘째 치고 시간조차 들이지 않는다. 자동차 보다 중요한 것은 당연히 우리 인생이다. 우리에겐 인생 정렬(Life Alignment)이 필요하다. 문제는 인생을 정렬하는 방법을 배운 적이 없다. 학교에서도, 부모님도 가르쳐주지 않는다. 회사 선배도 알려주지 않는다. 왜냐하면 그들도 모르기 때문이다.

인생을 정렬하는 방법은 의외로 간단하다. 꿈과 목표를 종이에 쓰면 된다. 물론 방법이 있다. 다음의 다섯 가지 순서에 따라 인생 정렬(Life Alignment)을 해보자. 생각보다 쉽다.

첫 번째는 사명(Mission)과 비전(Vision)을 적는 것이다.

사명은 존재 이유이고, 비전은 사명을 이루기 위한 방법이다. 예를 들어 설명하면 보다 이해가 빠르다. 내 삶의 사명과 비전은 다음과 같다.

I exist to help those in need by 3B(Binder, Book, Bible) & Business.
나는 3B와 Business로 도움이 필요한 사람들을 돕는다.

나의 사명은 도움이 필요한 사람들을 돕는 것이다. 사명을 이루기 위한 방법인 비전은 3B와 Business이다. 처음에는 이렇게 한 문장으로 사명과 비전을 작성하는 것이 만만치 않다. 사명과 비전을 보다 쉽게 작성하는 방법은 단어로 사명과 비전을 나열해보는 것이다. 자신이 생각하는 삶의 가치를 서너 개의 단어로 적다 보면 나중에는 한 문장으로 정리될 것이다.

두 번째로 꿈(Life Project List)을 적는다.

꿈은 목적지와 같다. 해외여행을 가려고 공항에 갔다고 가정해보자. 그런데 정작 행선지를 정하지 않았다면 어떻게 될까. 어떤 비행기를 타야할지 막막할 것이다. 우리 인생도 마찬가지다. 꿈이 없는데 지금 무엇을 해야 할지 어떻게 알 수 있는가. 꿈이 없으면 하루하루의 삶이 무의미해진다. 한없이 남는 시간을 TV나 핸드폰으로 때우며 지낸다. 명확한 목적지가 없기 때문이다. 종이에 꿈을 쓰는 것은 내 삶의 목적지를 설정하는 것이다.

꿈은 우선순위에 따라 1번부터 10번까지 작성한다. 꿈을 적을 때는 5가지 꿈의 영역을 생각하면 비교적 수월하게 적을 수 있다. 꿈의 5가지 영역은 되고 싶은 모습, 하고 싶은 일, 갖고 싶은 것, 가보고 싶은 곳, 나누어 주고 싶은 것이다. 예를 들어, 되고 싶은 모습에는 경제적 자유를 이룩하기, 베스트셀러 작가되기 같은 것이다. 하고 싶은 일에는 요리학교 유학가기, 독서 모임 운영하기 등 내 삶에서 꼭 해보고 싶은 일을 적는다. 이렇게 꿈의 영역을 나누는 이유가 있다. 막상 '꿈을 적어 보세요'라고 하면 멍하게 시간을 보내는 사람들이 있다. 도화지를 주고 '그림을 그려보세요' 하는 것과 비슷하다. '뭘 그리지?' 하는 생각이 든다. 반면 '좋아하는 꽃을 그려보세요'하면 누구나 쉽게 시작할 수 있다.

사람에 따라 10개의 이상의 꿈을 가진 사람도 있을 것이다. 그러나 10가지의 꿈만 적는 이유는 정말 중요한 꿈에 집중하기 위해서다. 뉴욕도 가고 싶고 파리에도 가고 싶지만 둘 중에서 먼저 가고 싶은 곳이 있을 것이다. 파리보다 뉴욕에 가고 싶은 마음이 크다면 뉴욕을 꿈 리스트에 적으면 된다. 여러 가지보다 하나에 집중하는 것이 꿈을 이룰 확률을 높여준다. 파리는 뉴욕에 간 뒤에 다시 꿈꾸어도 된다.

꿈은 크게 정해야 한다. 지금 당장 1억이 없더라도 100억 부자가 되는 것을 꿈으로 정해야 한다. 유럽의 워렌 버핏이라 불리는 보도 섀퍼는 그의 저서 《보도 섀퍼의 돈》에서 꿈의 크기를 목표와 장애물에 빗대어 설명한다. 꿈이 크면 장애물이 눈앞에 닥쳐도 꿈을 포기하지 않는다고 한다. 반면 꿈이 작으면 어떤 문제가 생겼을 때 꿈을 쉽게 포기하는 경향이 있다고 했다. 꿈을 이루기 어렵다고 꿈을 포기한다면 또 다른 꿈 또한 문제가 닥쳐왔을 때 쉽게 포기해 버린다. 따라서 현재 내 수준보다 꿈을 크게 정하는 것이 좋다.

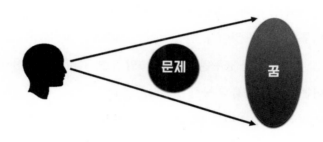

그림 1 : 꿈이 크면 문제가 닥쳐도 포기하지 않는다.
문제 너머의 꿈이 보이기 때문이다.

그림 2 : 꿈이 작으면 작은 문제가 닥쳤을 때
꿈이 눈에 보이지 않게 되고 꿈을 잃어버린다.

세 번째 단계는 올해 목표(Yearly Project List)를 정하는 것이다.

꿈이 있으면 그 꿈을 위해 올해 무엇을 해야 하는지 정해야 한다. 100억을 가진 부자가 되는 것이 꿈이라면 그 꿈을 위해 올해 할 수 있는 목표를 정한다. 예를 들면 매달 100만 원씩, 연간 최소 1,200만 원 모으기가 올해 목표가 된다. 여기서 주의해야 할 점은 '꿈'이 아닌 '목표'를 정하는 것이다. 꿈은 말 그대로 꿈이다. 꿈은 지금 당장 이루기 어려운 것이다. 반면 목표는 노력하면 성취할 수 있는 것이다. 만약 평범한 공무원이 연간 10억 모으기를 목표로 설정한다면 이는 꿈과 목표를 혼동한 것이다.

나의 꿈 중에 하나는 베스트셀러 작가가 되는 것이다. 이 꿈을 위해서 2018년에 첫 번째 책을 출간하는 목표를 정했다. 그렇게 해서 첫 번째 책인 《평범한 사람이 특별해지는 방법》이 세상에 나왔다. 지금 당장 베스트셀러 작가가 될 수는 없지만 책 한 권은 쓸 수 있다. 천리 길도 한 걸음부터다. 《꿈꾸는 다락방》으로 베스트셀러 작가 대열에 합류한 이지성 작가도 하루아침에 베스트셀러 작가가 된 것이 아닌 것처럼 말이다. 그는 《꿈꾸는 다락방》 이전에 우리가 모르는 수십 권의 책을 써냈다.

올해 목표에는 생활습관에 관한 목표가 반드시 포함되어야 한다. 가령 아침 일찍 일어나 책 읽고 운동하는 습관을 들인다든지, 퇴근 후 회식에 참석하지 않고 카페에서 공부를 한다는 목표가 생겨나야 한다. 지금과 같은 일을 하고 같은 사람들을 만나면서 지금과 다른 결과를 내기를 바라는 것은 도둑 심보다. 꿈을 이루기 위해서는 생활습관을 바꾸고 출근 전과 퇴근 후의 시간을 어떻게 써야 할지 고민해보고 목표를 세우는 것이 중요하다.

인생 정렬의 네 번째와 다섯 번째 단계는 주간 목표(Weekly Project List)와 일일 목표(Daily Project List)를 설정하는 것이다.

주간 목표와 일일 목표는 올해의 목표를 이루기 위한 구체적 계획이어야 한다. 베스트셀러 작가가 되는 꿈이 있고 이 꿈을 위해 올해 한 권의 책을 출간하기로 목표를 세웠다고 하자. 그렇다면 이번 주의 목표는 첫 번째 책의 주제와 목차를 작성하는 것이다. 그리고 주간 목표를 다시 세분화하여 일일 목표를 설정한다. 매일 새벽 4시 30에 일어나서 2시간 동안 글을 쓰겠다는 목표를 세운다. 이처럼 일일 목표는 아주 세부적으로 계획해야 한다. 실행에 옮기기 바로 직전의 단계가 일일 목표다.

일일 목표는 꿈과 관련되지 않은 일이 적혀 있을 수 있다. 꿈만 쫓아가다 당장에 굶는 일이 발생하면 안 되기 때문이다. 꿈을 향해 달려가는 것은 중요하지만 생계를 해결해야 하는 것은 급한 일이다. 집에 불이 났는데 불을 끄지 않고 공부하러 가는 어리석은 사람은 없을 것이다. 마찬가지로 오늘 할 일 중에는 불을 끄기 위한 시급한 일이 있다. 당연히 있어야 한다.

일일 목표는 시간을 별도로 내서 적는 것이 아니다. 생각날 때마다 적는다. 갑자기 들어온 일도 바로바로 적는다. 정오쯤이면 해야 할 일이 빼곡하게 적힐 것이다. 이들을 하나하나 처리해 가는 재미가 있다. 처음에는 빽빽이 적힌 목표들이 부담일지도 모른다. 허나 시간이 지나면서 목표들을 하나하나 해치워 가는 재미를 느끼는 단계가 찾아온다.

인생 정렬(Life Alignment)의 핵심은 바로 이것이다. 큰 눈덩이를 만들기 위해 작은 눈덩이부터 만들어 가는 데 있다. 꿈을 이루기 위한 올해의 목표를 세우고, 올해의 목표를 이루기 위한 주간목표와 일일 목표를 세운다. 일일 목표를 하나씩 해나가다 보면 주간 목표를 달성하게 되고, 일일 목표와 주간 목표를 실행하다 보면 올해 목표 달성하게 된다. 한 해 한 해의 목표를 이루다 보면 어느새 꿈을 이루는 삶에 가까워진다. 오늘 하루 내 인생을 잘 살면 결국 꿈을 이루는 삶이 되는 것이다. 꿈을 잘게 쪼개어 목표로 만들고 그 목표를 성취해나간다면 내가 원하는 인생을 살아가게 될 것이다.

Life Alignment	
Mission & Vision	I exist to help those in need by 3B & Business.
Life Project List	베스트셀러 작가
Yearly Project List	연간 2권 책 출간
Weekly Project List	책 주제와 목차 짜기
Daily Project List	4시 30분 기상, 원고 2매 쓰기

실전 Life Alignment

아무리 좋은 시스템도 누구나, 쉽게, 매일 할 수 없으면 시스템이 아니다. 고문 기계이다. 인생 정렬(Life Alignment)은 쉬워야 한다. 남녀노소 누구나 할 수 있어야 한다. 특별한 방법이 있거나 진입장벽이 높으면 누구나 할 수 없다. 시스템이 아니다.

10년째 바인더에 꿈과 목표를 적어왔다. 나만의 방법으로 서식을 만들었다. 바인더를 사용한 지 3년차부터 주변 사람들이 바인더 쓰는 방법을 궁금해 했다. 바인더 쓰는 방법을 한 명 두 명 알려주게 되었다. 그중에서도 바인더를 적극적으로 배우고 활용한 사람들에게서 성과가 나타났다. 어떤 선배의 와이프는 "우리 남편이 경섭씨를 만나고 나서 평생 읽지 않던 책을 읽게 되었고 사람이 달라졌다."고 말했다. 그렇게 주변 사람들에게 알려주기 시작한 일이 매달 정기적으로 진행하는 강의가 되었다. 지금까지 2,000명이 넘는 사람들에게 바인더를 통해 삶을 바꾸는 방법을 알려왔다.

열에 아홉은 배울 때는 열의에 찼지만 시간이 흘러 바인더와 멀어지는 모습을 보게 되었다. 바인더가 거추장스럽고 사용법이 어렵다고 했다. 다만 바인더의 가치를 깊이 깨달은 사람들은 팬이 되었다. 바인더 없이는 아무것도 못 하겠다는 사람들이 늘어났다. 만날 때마다 바인더로 바뀐 자신의 삶을 증언했다. 그렇지만 이런 사람들은 매우 소수였다. 대다수는 바인더를 포기하고 말았다.

바인더를 쓰려면 우선 컴퓨터를 능숙하게 다룰 수 있어야 한다. 기본적인 편집은 할 수 있어야 하기 때문이다. 시간도 필요하다. 어느 수준까지 바인더를 사용하려면 절대적인 노력의 시간이 필요하다. 중장년층에겐 이런 노력이 쉽지는 않다. 여러 계층을 대상으로 강의를 하다 보니 고민이 계속되었다. 누구나 할 수 있는 간단한 방법이 있었으면 좋겠다고 생각했다. 누구나 쓸 수 있는 간단하지만 강력한 방법이 있다면 좋을 것 같았다.

시스템은 누구나, 쉽게, 매일 할 수 있어야 한다. 그리고 체계적이어야 한다. 또한 이를 통한 성과가 있어야 한다. 이 5가지 조건을 만족해야 시스템이다. 바인더는 강력하지만 무겁고 번거롭다. 성과를 내기 위한 최적의 도구이지만 누구나 실천하기 힘들다. 반면 종이 한 장은? 바인더를 들고 다니는 것은 힘들어도 종이 한 장을 들고 다니는 것은 쉽다. 스티브 잡스는 주머니에서 스마트 폰을 꺼내어 세상을 바꾸었다. 나는 주머니에서 종이 한 장을 꺼낸다. 그리고 이 종이 한 장이 누구나의 삶을 혁신적으로 바꿀 수 있다고 확신한다. 바로 이 종이 한 장이다.

___Month					The best day of life			
Weekly Project List	__Sun ^Event	__Mon ^Event	__Tue ^Event		__Wed ^Event	__Thu ^Event	__Fri ^Event	__Sat ^Event
●	●	●	●		●	●	●	●
●	●	●	●		●	●	●	●
●	●	●	●		●	●	●	●
●	●	●	●		●	●	●	●
●	●	●	●		●	●	●	●
●	●	●	●		●	●	●	●
●	●	●	●		●	●	●	●
●	●	●	●		●	●	●	●
Yearly Project List	Memo				Memo			Next week
●								
●								
●								
●								
●								
●								
●								
●								
●								
Life Project List	Diary				Diary			
●								
●								
●								
●								
●								
●								
●								
Misson & Vision								

〈Life Alignment〉 서식

Life Alignment(이하 "LA")를 쓰는 방법은 다음과 같다.

첫째로, LA 가장 상단에 해당 월과 일을 숫자로 기록한다.

___Month				The best day of life			
Weekly Project List	___Sun ᴱᵛᵉⁿᵗ	___Mon ᴱᵛᵉⁿᵗ	___Tue ᴱᵛᵉⁿᵗ	___Wed ᴱᵛᵉⁿᵗ	___Thu ᴱᵛᵉⁿᵗ	___Fri ᴱᵛᵉⁿᵗ	___Sat ᴱᵛᵉⁿᵗ
●	●	●	●	●	●	●	●
●	●	●	●	●	●	●	●
●	●	●	●	●	●	●	●
●	●	●	●	●	●	●	●
●	●	●	●	●	●	●	●
●	●	●	●	●	●	●	●
●	●	●	●	●	●	●	●
Yearly Project List	Memo			Memo			Next week
●							
●							
●			먼저 월과 날짜를 적는다. Month 앞에는 해당 월을,				
●			각각의 요일 앞에는 해당 일을 숫자로 적는다.				
●							
●							
●							
●							
Life Project List	Diary			Diary			
●							
●							
●							
●							
●							
●							
●							
●							
Misson & Vision							

<Life Alignment: ① Month, Day>

두 번째로, 왼쪽 가장 아래쪽 영역에 자신의 사명(Mission)과 비전 (Vision)을 적는다.

세 번째로 자신의 꿈(Life Project List)을 적는다.

꿈은 거대하고 담대하게 써나간다. '이걸 이룰 수 있을까?' 따위의 생각은 절대 하지 않고 할 수 있는 한 큰 꿈을 써나간다.

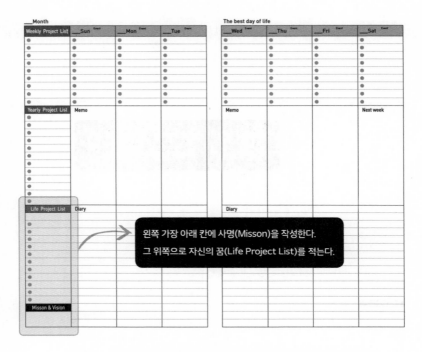

<Life Alignment: ② Mission & Vision, ③ Life Project List>

네 번째로 올해 목표(Yearly Project List)를 적는다.

올해 목표 역시 우선순위에 따라 위쪽부터 차례대로 기록한다. 올해 목표를 적을 때의 핵심은 올해 목표가 꿈을 향해 가고 있어야 한다는 것이다. 예를 들면 '100억 부자'라는 꿈이 있다면 올해는 '1,000만 원 모으기'라는 목표가 있어야 한다. 꿈만 있고 꿈을 향한

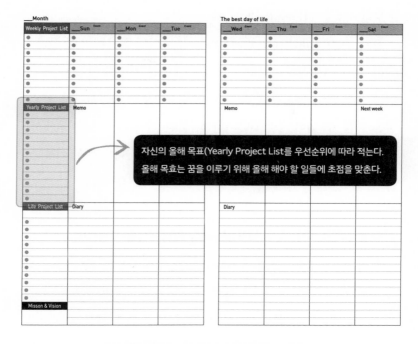

자신의 올해 목표(Yearly Project List를 우선순위에 따라 적는다.
올해 목효는 꿈을 이루기 위해 올해 해야 할 일들에 초점을 맞춘다.

<Life Alignment: ④ Yearly Project List>

목표가 없다면 꿈이 이루어지지 않는다. 꿈만 꾸다 끝난다. 꿈을 이루려면 꿈을 향한 구체적인 여정이 있어야 한다. 꿈을 향한 첫 번째 관문이 올해 목표를 쓰는 것이다.

올해 목표에는 꿈과는 크게 상관이 없지만 올해 꼭 하고 싶은 일들이 있을 수 있다. 해외여행을 가거나 특별히 무엇인가 배우고 싶은 것이 생길 때가 있다. 생활습관이나 건강과 관련된 목표도 있을 수 있다. 매일 새벽 5시 30에 일어난다거나, 올해가 가기 전에 바디

프로필 사진을 찍는 목표 같은 것이다.

올해 목표(Yearly Project List)부터는 꿈이 아닌 목표를 써야 한다. 특히 Yearly에서 Weekly, Daily Project List로 갈수록 보다 구체적인 목표를 작성해야 한다. 오늘의 삶이 꿈으로만 가득하다면 결국 꿈을 이룰 수 없다. 《시크릿》이나 《꿈꾸는 다락방》과 같은 책에서 우리가 쉽게 놓치는 것이 바로 이 점이다. 꿈만 꾼다고 꿈을 이루는 것이 아니다. 꿈을 향한 노력이 있어야 꿈을 이룰 수 있다.

다섯 번째로, 이번 주의 목표(Weekly Project)를 작성한다.

이번 주의 목표는 올해 목표를 이루기 위해 무엇을 해야 하는지 구체적으로 기록한다. 베스트셀러 작가가 되겠다는 꿈이 있는 사람이 있다고 하자. 그 꿈을 이루기 위해 올해 첫 번째 책을 출판하는 것을 목표로 삼았다. 그러면 이 사람이 이번 주에 해야 할 일은 책의 제목과 목차를 작성하는 것이다. 이렇게 꿈을 점점 구체화시켜 To do list로 변환시켜 나가야 한다.

주간 목표는 사용하면 할수록 강력한 힘을 느낄 수 있다. 처음에는 어떤 목표를 적어야 하는지 긴가민가하지만, 쓰다 보면 익숙해진다. 주간 목표는 일종의 가교 역할을 한다. 올해 목표와 일일 목표 사이에 연결고리 역할을 담당한다. 축구에서 미드필더라고 할까. 수비수에게 공을 받아 공격수에게 공을 전달하는 사람 말이다. 주간 목표를 잘 활용해야 보다 많은 성과가 나타난다.

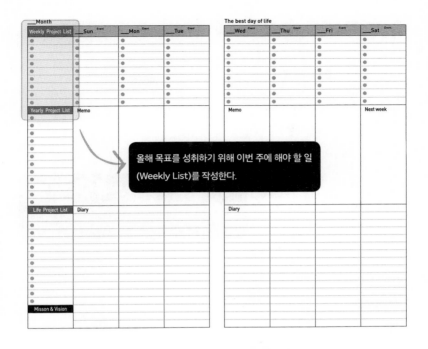

올해 목표를 성취하기 위해 이번 주에 해야 할 일 (Weekly List)를 작성한다.

<Life Alignment: ⑤ Weekly Project List>

여섯 번째로 일일 목표(Daily Project List)를 기록하는 것이다.

오늘 해야 할 일을 일일 목표에 구체적으로 적는다. 일일 목표는 생각날 때마다 기록한다. 특별한 시간을 내어 기록하는 것이 아니다. A라는 일을 하고 있다가 B라는 일을 해야 하는 것을 인지하면 그 즉시 B를 일일 목표에 기록한다. 일일 목표에 할 일을 기록하지 않으면 뇌는 기억하려고 애쓴다. 지금 하고 있는 일에 집중하지 못하게 된다. 따라서 해야 할 일이 생기는 즉시 일일 목표에 기록한

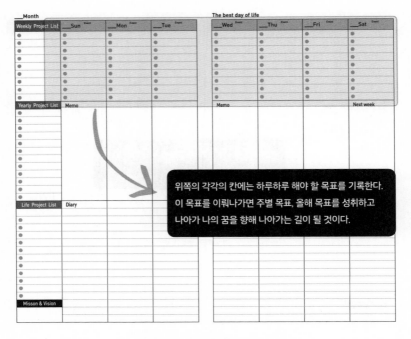

위쪽의 각각의 칸에는 하루하루 해야 할 목표를 기록한다. 이 목표를 이뤄나가면 주별 목표, 올해 목표를 성취하고 나아가 나의 꿈을 향해 나아가는 길이 될 것이다.

<Life Alignment: ⑥ Daily Project List>

다. 뇌는 창의적인 일에 사용해야 한다. 기억하려고 존재하는 것이 아니다. 즉시 기록하는 습관을 들이면 보다 뛰어난 성과를 얻을 수 있다. 뇌를 기억하는 일이 아닌 창조적인 일에 활용할 수 있기 때문이다.

중요한 일은 하루에 끝나지 않는다. 하루 만에 끝낼 수 있는 중요한 일은 별로 없다. 며칠에 걸쳐 끝난다. 중요한 보고가 있다면 보고서 초안을 작성하고 검토하는 것에 며칠이 걸린다. 따라서 주간 목표에 적힌 중요한 목표는 할 일을 잘게 쪼개어 일일 목표 곳곳에 기록한다. 보고 일자가 금요일이라면 늦어도 화요일에는 보고서 초안이 작성될 수 있도록 목표를 세분화시킨다. 피드백이 될 수 있도록 정량적으로 목표를 기록하는 것도 중요하다. 운동을 예로 들면 '아침 6시부터 30분간 조깅을 한다.'고 적는다. '운동하기'처럼 뭉뚱그려 목표를 설정하지 않는다.

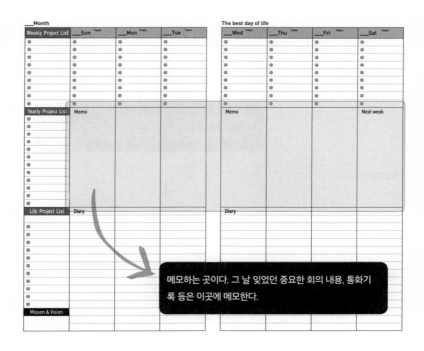

<Life Alignment: ⑦ Memo>

메모(Memo)는 말 그대로 메모를 하는 곳이다. 그날 있었던 중요

한 회의내용, 통화내용 등을 메모한다. 간혹 예전에 남겨놓았던 메모를 찾을 때가 있다. 중요한 내용이지만 아무리 찾아도 보이지 않는 경우가 허다하다. 여기저기 메모해서 그렇다. 체계가 없기 때문이다. 메모를 한 군데에 하면 쉽게 기록을 찾을 수 있다.

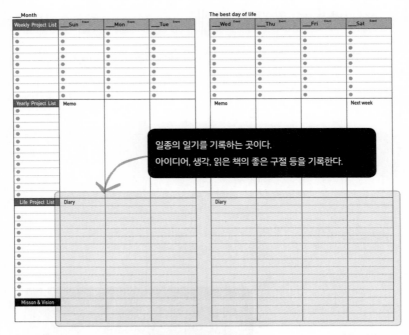

<Life Alignment: ⑧ Diary>

다이어리(Diary)는 일기를 기록하는 곳이다. 아이디어, 생각, 읽은 책의 좋은 구절을 기록한다. 아이디어는 그때그때 기록해야 한다. 아이디어는 휘발성이 강하다. 바로바로 기록하지 않으면 사라

진다. 읽은 책 중에 가슴을 울리는 구절이 있다면 기록해 두어도 좋다. 좋은 문구는 영혼을 살찌워준다.

<Life Alignment: ⑨ Next Week>

다음 주 일정(Next Week)에는 다음 주에 해야 할 일을 기록한다. 이번 주를 살아가면서 분명 다음 주에 해야 할 일이 생기기 마련이다. 그럴 때는 바로바로 기록하였다가 다음 주 LA 서식에 옮겨 적고 실천한다.

LA는 이렇게 9개의 부분으로 나누어져 있다. LA를 제대로 활용하려면 언제 어디서나 쉽게 사용할 수 있어야 한다. 그러려면 휴대가 간편해야 한다. 주머니에서 언제든 꺼내 사용할 수 있어야 한다. 그래서 LA 종이를 세 번을 접어 주머니에 휴대한다. 언제 어디서든 나의 꿈과 목표를 관리할 수 있는 도구가 비로소 생긴 것이다. 종이 한 장이면 인생을 바꿀 수 있다.

적는다는 행위에는 두 가지 의미가 있다. 하나는 할 일을 잊어버리지 않기 위해서다. 회사에서 일 해본 사람들은 안다. 해야 할 일을 적지 않으면 깜빡하고 지나치는 업무들이 생겨난다. 너무나 사소한 일이었지만 하지 않으면 큰 문제로 비화된다. 기한을 지켜 해야 할 일이 있다. 데드라인(Dead Line)을 지켜 일하는 것은 성공으로 가는 기초적인 습관이다. 다른 하나는 뇌를 창조적인 일에 사용하기 위해서다. 적지 않으면 뇌는 기억하기 위해 무의식적인 노력을 한다. 기억하는 일에 뇌를 사용하는 것이다. 반면 기록하면 뇌는 더 이상 기억하려고 애쓰지 않는다. 창의적인 일에 뇌를 사용할 수 있다.

누구나 종이 한 장으로 인생을 바꿀 수 있다. 어떤 종이 위에 꿈과 목표를 적느냐에 따라 삶이 바뀐다. 인생 정렬(Life Alignment) 서식은 내 인생을 바꾸었다. 물론 여러분의 인생도 마찬가지다. 꿈과

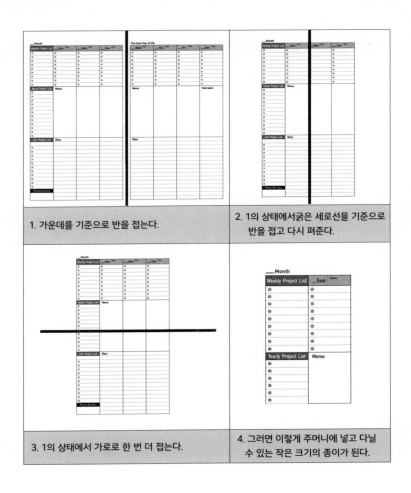

1. 가운데를 기준으로 반을 접는다.

2. 1의 상태에서굵은 세로선을 기준으로 반을 접고 다시 펴준다.

3. 1의 상태에서 가로로 한 번 더 접는다.

4. 그러면 이렇게 주머니에 넣고 다닐 수 있는 작은 크기의 종이가 된다.

목표가 없던 사람은 꿈과 목표가 생기는 신기한 체험을 하게 될 것이다. 꿈이 있었으나 그 꿈을 어떻게 이룰지 모르는 사람에게는 꿈을 이룰 길이 보일 것이다. 사소한 목표를 하나씩 해결해나가면 꿈에 한 걸음씩 가까이 갈 수 있다. 이것이 인생 정렬(Life Alignment)의 놀라운 위력이다.

어느덧 10년

"꿈을 적으면 달라져요?"

"달라집니다."

"정말입니까?"

"네. 확실합니다."

"저는 안 될 것 같은데요?"

"해보셨습니까?"

"그건 아니고요….'"

"한 번 해보십시오. 손해 볼 것이 있나요?"

2011년, 처음으로 종이에 꿈과 목표를 적었다. 꿈과 목표를 종이에 쓰면 성공하는 삶을 살 것이라는 이론은 전혀 모르고 있었다. 이것 말고는 할 수 있는 것이 없어서 적었다. 잘 살아 보고 싶은데 어떻게 해야 할지 알 길이 없었다. 분명한 것은 지금처럼 살고 싶지는 않다. 이렇게 늙어가고 싶지도 않았다. 선배들을 보니 여전히 돈

걱정을 하고, 가족들과 마음껏 시간을 보내지 못 하는 삶을 살고 있었다. 매력적인 인생이 아니었다. 지금처럼 살면 그들처럼 될 것 같았다. 나는 보다 자유롭게 살고 싶었다. 경제적으로, 시간적으로, 정신적으로 온전한 자유를 누리고 싶었다.

꿈과 목표를 종이에 적은 지 10년이 지났다. 평범했던 인생이 참 많이도 바뀌었다. 나와 꿈을 함께하는 사랑하는 아내가 생겼다. 그녀도 꿈과 목표를 종이에 쓴다. 끊임없이 책을 읽는다. 같은 신앙을 가지고 살아간다. 예쁘고 아름답다. 비전을 함께하는 그녀와 앞으로 어떤 성장을 이루어 나갈지 기대된다.

가정을 이루면서 집도 생겼다. 남의 집이 아니라 내 이름으로 된 아파트. 거실 한쪽 벽면 전체를 책장으로 리모델링했다. 책장 바로 앞에는 8인용 큰 원목 테이블이 있다. 언제나 손님을 초대해 근사한 식사를 대접할 수 있는 공간이다. 신혼여행은 해외로 두 번이나 다녀왔다. 대만과 호주에 2주, 미국에서도 2주나 여행을 했다. 해외에 떨어져 있는 가족들도 만나고, 오랫동안 못 보았던 친구과도 즐거운 시간을 보냈다. 결혼식을 포함한 모든 비용을 아내와 둘이서 마련했다. 부모님에게 기대지 않았다.

이렇게 자립할 수 있었던 것도 지난 10년 동안 꿈과 목표를 종이에 쓰면서 준비했기 때문이다. 지금 당장의 암울한 현실만 보았다면 상상할 수도 없는 일이었다. 임용고시에 떨어져 군대에 끌려가다시피 한 나였다. 군대에서도 무엇을 해야 할지 몰라 방황만 했다.

임용고시를 다시 준비할지, 군대에 남아야 할지, 미국 유학을 준비해야 할지 갈팡질팡했다. 자신감이 없었다. 그런 와중에도 종이에 꿈을 적었다. 요리사가 되는 것도 꿈으로 쓰고, 미국 유학을 가는 것도 꿈으로 썼다. 가지고 싶던 집과 차도 적었다. 바라던 것은 모두 기록했다.

꿈과 목표를 종이에 적는다고 당장 내 삶이 바뀌지는 않는다. 꿈과 목표를 적었지만 여전히 먹고 살 일을 걱정해야 했다. 장교는 의무복무가 3년이다. 군대를 전역하고 생계를 어떻게 해결해야 할지 생각해야 했다. 임용고시는 자신이 없었다. 무조건적인 암기 과목으로 이루어진 임용고시였다. 전체적인 맥락을 이해하는 것은 자신 있었지만 문장을 그대로 외우는 것은 젬병이었다. 임용고시는 과감히 포기했다.

일단 군대에 남기로 했다. 공군의 근무환경은 나름 괜찮은 편이다. 대도시 근처에 있고, 같이 일하는 선후배들에게 배울 점도 많다. 특히 단기장교로 군대에 들어온 선배나 후배들의 능력은 상상 그 이상이다. 국내외 유명 대학에서 공부한 사람들과 생각을 나누고 함께 일할 수 있는 기회는 흔치 않다. 군대에 같이 들어온 동기들이 대부분 전역을 할 때 나는 그들을 진심으로 축하했다. 3년 동안 착실히 준비해서 미래 먹거리를 준비한 것처럼 보이는 동기들이 부러웠다. 반면 3년 동안 아무것도 이룬 것 없는 나의 삶을 되돌아

보았다. 무엇하나 뚜렷하게 이룬 것 없었다.

꿈과 목표를 3년이나 적었다. 그렇지만 여전히 암흑 속에 있었다. 공군 소위로 군대에 들어와 1년을 근무하니 중위가 되었다. 그로부터 2년 반이 흘러 벌써 대위 계급장을 달고 있었다. 모든 단기 장교들이 후배였다. 나는 그들에게 무엇을 줄 수 있을까. 선배로써 어떤 사람이 될까. 월급도 꽤나 많이 올랐다. 어떻게 보면 중위까지는 계약직, 대위부터는 정규직이라 할 수 있다. 월급이 제법 차이나기 때문이다. 받는 월급에 걸맞은 일을 해내고 있는 것일까.

암흑 속에서 찾은 것이 《3P자기경영연구소》에서 진행하는 자기계발 강의였다. 초급과정을 지나 중급과정인 '자기경영 코치 과정'은 교육비만 100만 원이 넘는다. 지금은 200만 원이 넘는 과정이다. 그런 강의에 선뜻 돈을 내고 가기란 쉬운 결정이 아니다. 월급의 상당부분을 교육비로 써야 했다. 참고로 내가 중위였을 때 받았던 월급이 170만 원이었다.

미친 짓의 정의는 똑같은 걸 반복하며
다른 결과를 기대하는 것이다.
The definition of insanity is doing the same thing
over and over again and expecting different results.

반쯤의 용기와 반쯤의 기대, 그리고 200% 절박함으로 자기계발 강의에 등록했다. 지금처럼 살아서는 삶이 바뀌지 않는다는 것을 피부로 느꼈다. 이대로 살아서는 안 된다는 위기감이 강하게 들었다. 내 마음대로 살아왔던 인생의 결과가 지금 나의 모습이었다. 지금과 다른 삶을 살고 싶다면 만나는 사람과 주로 다니는 장소와 하고 있는 일을 바꾸라고 했다. 용기를 내어 값비싼 강의에 등록했다.

'자기경영 코치 과정'은 2달간 진행되는 교육이다. 1박 2일의 교육, 조별 담당 리더와 미팅을 여러 번 가지면서 성공자의 노하우를 전수받는 시스템이었다. 이 교육의 핵심은 바로 여기에 있다. 전문가와 2달 동안 함께하며 성공의 핵심 노하우를 완전히 내 것으로 만들 수 있다. 한 번 강의를 들어서는 사람이 잘 바뀌지 않는다. '좋다' 정도에서 그칠 경우가 많다. 좋은 줄은 아는데 실천하지 않는다. 행동이 없으면 결과도 없다. 하루 이틀의 강의로는 행동을 불러일으키기 어렵다.

2달 동안 수많은 과제를 해야 했다. 과제를 하지 않으면 수료증을 받을 수 없었다. 비싼 돈을 내고 성과 없이 마치고 싶지 않았다. 과제를 한다는 것은 곧 무엇인가 실천한다는 것이다. '앎'으로 그치지 않고 행동했다. 실천하지 않은 지식은 진정한 '앎'이 아니다. 행동을 해야 깨달음이 생긴다.

2달의 혹독한 과정은 굳은살을 만들었다. 꿈과 목표를 종이에 쓰고 책을 읽는 것이 더 이상 특별한 일이 아니게 되었다. 평범한 일상의 한 부분이 되었다. 턱걸이를 하면 손바닥에 굳은살이 밴다. 기타를 치면 손끝이 너무나 아프다. 누구나 처음에 겪는 현상이다. 굳은살이 생겨야 기타가 재미있어진다. 굳은살이 생기기 전까지는 고통이 따른다. 아픔을 참지 못 하고 그만두면 굳은살이 생기지 않는다. 고통을 참아야 영광의 굳은살이 생긴다.

이제는 꿈과 목표를 종이에 쓰지 않는 삶은 상상할 수 없게 되었다. 너무나 당연한 일상이자 기쁨이다. 꿈과 목표를 쓰면서 나의 소중한 꿈과 목표가 이루어진 모습을 생생히 상상해본다. 눈을 감고 내가 설정한 목표를 이룬 그 날의 기쁨을 누려본다. 일주일에 한 번, 한 주를 계획하며 쓰는 나의 꿈과 목표. 너무나 소중한 일상이다.

꿈과 목표를 적는다고 오늘의 삶이 달라지지 않는다. 한 달 적었다고 해서 한 달 뒤의 내 인생이 바뀌지도 않는다. 그러나 꿈을 종이에 쓰고 목표를 하나씩 이뤄나갈 때 꿈에 점점 가까워져 간다. 그러다 보면 꿈에 그리던 삶, 그 삶이 현실이 되는 것이다.

어느 날 뿅 하고 내 삶이 달라지기를 원하는 사람은 이 책을 고이 덮어야 한다. 나도 그랬으면 좋겠지만 내 삶조차 뿅 하고 어느 날 인생이 바뀌지 않았다. 예전에 매주 로또를 샀던 적이 있다. 하루아침에 인생을 바꾸고 싶었다. 로또 1등이면 삶이 바뀔 것이라 생각했다. 그런데 번번이 실패했다.

로또 당첨을 기다리느니, 스스로 노력해서 삶을 바꾸는 편이 낫다. 평생 있을까 말까 한 로또 당첨을 기다리면서 인생을 낭비할 수는 없지 않은가. 로또 같은 인생은 평범한 노력이 쌓였을 때 이룰 수 있다. 종이에 꿈과 목표를 적는 평범한 노력을 10년째 꾸준히 해오니 삶이 달라졌다. 낙오자, 실패자에서 성공을 향한 길에 서게 되었다. 꿈과 목표를 종이에 적은 것뿐이다. 내 삶의 기적은 종이 위에서 시작되었다.

책 없이 살 수 있나요

"너희 아빠는 뭐하셔?"

"왜?"

"차가 너무 좋아보여서 궁금했어."

"우리 아빠 사업하셔."

"그래? 너는 좋겠다."

"뭐가?"

"좋은 차 타고 좋은 집에 살아서."

흙수저로 태어났다. 금수저인 친구를 부러워하는 이유는 단순하다. 나도 혜택을 누려보고 싶어서다. 누구는 짜장면이 어쩌다 먹는 특식이고, 누구는 코스요리 마지막에 나오는 후식쯤으로 여긴다. 나는 전자였다. 어쩌다 짜장면을 먹었다. 어머니는 저녁마다 일터에 있었다. 동생과 나는 밥을 직접 해먹어야 했다. 어머니가 만들어놓은 반찬과 햄을 구워 밥을 먹었다. 그 반찬이 지겨워질 때는 어머니 일터로 전화를 했다. 짬뽕을 시켜먹고 싶다고 떼를 쓰면 마지못해 어머니는 허락 했다. 친구들은 집에서 어머니가 해주는 따끈한 밥을 먹고 있을 때, 짬뽕 한 그릇을 시켜 동생과 나누어 먹었다.

부는 대물림 된다. 부자 가문이 유지되는 이유는 지식, 자본, 정신이 상속되기 때문이다. 성공하는 방법에 관한 지식, 부를 불러일으키는 자본, 그리고 부자 정신이 대물림된다. 일반 사람보다 부자 가문의 자녀가 성공할 확률이 비교도 할 수 없이 더 높은 이유다. 부모에게서 부를 생성하고, 유지하고, 이것을 더 크게 만드는 방법을 배울 수 있다. 대물림은 이렇게 일어난다.

가끔 개천에서 용 났다는 소리를 들을 수 있다. 자수성가 했다고 언론에 대문짝만하게 실린다. 이런 사람들은 어떻게 삶을 바꾸었을까. 성공하는 방법을 스스로 터득했을까. 아니다.

미국의 16대 대통령인 링컨은 너무나도 불후한 어린 시절을 보냈다. 학교도 갈 수 없을 정도로 가난한 삶을 살았다. 그런 사람이 미국의 대통령이 되었다. 그는 어린 시절 도서관에서 읽은 책 덕분에 성공했다고 말한다. 주변 사람 누구도 그에게 성공하는 방법을 알려줄 수 없었다. 주변에 성공한 사람이 없기도 했고, 성공한 사람을 찾아가 만날 수도 없었다. 유일한 방법은 책이었다. 책을 통해 성공하는 방법을 배웠다. 성공한 사람들은 책을 썼다. 성공자의 삶을 압축하고 압축해 엑기스만 뽑아 책에 녹여냈다. 한두 사람만 쓴 것이 아니다. 성공한 사람 대부분이 책을 남겼다. 성공하는 방법을 세상 사람들과 나누었던 것이다.

나는 책을 거의 읽지 않았던 사람이었다. 고등학교 때 무협지 몇 권, 대학생 때 소설책 몇 권을 읽은 것이 전부였다. 특히나 자기계발서는 거들떠보지도 않았다. 성공한 사람들의 자기 자랑을 늘어놓은 책으로 여겼다.

책을 본격적으로 읽기 시작한 것은 자기경영 강의를 듣고 난 이후였다. 《3P자기경영연구소》의 강규형 대표는 적어도 일주일에 책 1권은 읽어야 한다고 강조했다. 책 1권 읽지 않고서 성공을 바라는 것은 무임승차라고 했다. 그리고 몇 권의 책을 추천했다. 브라이언 트레이시, 피터 드러커, 구본형 씨 등 국내외의 성공한 사람들의 책을 소개했다. 나중에 알게 되었다. 이 사람들이 너무나 유명한 사람이라는 것을.

추천한 책을 한 권씩 읽기 시작했다. 강 대표는 이 책들이 좋은 책이라고 침이 마르도록 추천했는데, 정작 나는 책 읽기가 쉽지 않았다. 쉽게 이해되지도 않을뿐더러 남는 것이 없었다. 다 읽고 나면 기억나는 내용이 없었다. 더군다나 책을 읽어도 삶이 바뀌지 않았다. 재미도 없는데 효과도 없으니 흥미가 떨어졌다.

그래서 찾은 것이 독서법 강의였다. 마침 《3P자기경영연구소》에서는 독서경영이라는 주제로 강의를 하고 있었다. 성장이 절박할 때쯤 이 강의가 눈에 들어왔다. 8시간 강의에 30만 원. 역시나 돈이 들었다. 넉넉하지 않은 형편이었지만 강의에 등록했다. 지금과 같은 삶을 살지 않기 위해서였다.

강의에 등록하고도 약간은 반신반의 하는 마음이 있었다.

'책 읽기 방법? 뭐 특별한 방법이 있겠어? 책은 그냥 읽는 거지. 방법을 왜 찾지?'

'책 읽으면 인생이 달라져? 읽어보니 뭐 없던데? 시간낭비지. 멋있어 보이려고 읽는 것 아니야?'

독서경영 강의에 등록하고서도 이런 부정적인 생각이 생겨난다는 것이 신기했다. 나 자신의 이중적 모습이랄까. 분명 지금과 다른 삶을 살아보겠다고 강의에 등록했는데, 의심을 하고 있었다.

의심을 확실함으로 바꾸는데 얼마의 시간이 걸리지 않았다. 8시간의 강의는 특별했다. 책 읽는 목적, 책 읽는 방법, 책을 통해 삶을 바꾸는 노하우를 배울 수 있었다. 그동안 책을 읽지 않던 나의 삶을 되돌아보았다. 책 읽는 방법을 찾지도 않은 채 무작정 읽어보려 했던 무지함이 떠올랐다. 책을 통해 인생을 바꿀 수 있지만 그것도 모른 채 살아왔던 삶이 떠올랐다.

주식을 해서 망했다는 사람을 여럿 보았다. 주식은 절대 하지 말라는 어른들의 충고도 들었다. 그들 모두 주식 공부를 1년도 하지 않은 사람들이다. 대부분은 책 한 권도 읽지 않고 주변의 소문이나

무지한 경험으로 주식 시장에 뛰어든 사람들이다.

무엇을 하기 전에 제대로 된 방법을 공부해야 한다. 차를 운전하기 전에 운전면허를 따기 위해 공부를 한다. 하다 못 해 처음 하는 음식을 만들려고 해도 인터넷으로 공부를 하고 시도한다. 책 읽는 방법도 배워야 한다. 책을 통해 인생을 바꾸는 방법을 익혀야 한다. 책을 통해 삶을 바꾼 사람들의 노하우를 배우는 것이 가장 빨리 인생을 바꾸는 방법이다.

외식업을 평생 해보지 않았던 사람이 외식업에 뛰어들었다. 음식도 제대로 못 하던 사람이 식당 운영에 나선 것이다. 아내 이야기다. 아내는 직장 생활만 했다. 외국에서 몇 년간 살았던 경험도 식당 운영하고는 전혀 관계가 없었다. 그런 사람이 외식업을 시작했다. 나의 권유와 본인의 희망사항이 겹쳐진 선택이었다. 사장이 되는 것이 꿈인 아내, 그 꿈을 이루겠다고 시작한 일이었다.

외식업은 회사 생활과는 판이하게 다르다. 재료와 원가 관리, 직원을 채용하고 교육시켜야 한다. 영업시간에는 분주히 손님을 맞아야 하고, 손님이 없는 시간에는 마케팅을 포함한 다른 일이 끊임없이 진행된다. 하루에 10시간 넘게 일해도 할 일이 계속해서 생겨난다.

매출이라도 높으면 그나마 위로가 되겠지만 그마저도 여의치 않다. 그때 만난 것이 책이었다. 장사와 관련된 책이 생각보다 많았다. 외식업계의 대부인 백종원 대표가 쓴 책, 외식업의 사관학교라

불리는 장사수업을 하는 김유진 씨가 쓴 책, 배달의 민족의 대표인 김봉진 씨가 쓴 책 등 읽을 책은 널려 있다. 아내가 운영하는 외식업을 돕기 위해 나도 책을 골라 읽었다. 평일이면 책을 읽고 주말에는 아내가 운영하는 매장에 들러 아이디어를 내고 적용해보았다. 아내는 나보다 더 열심히 책을 읽었다. 잘해보고 싶은데 어떻게 해야 할지 몰랐기 때문이다.

아내가 운영하던 매장은 결국 '대박'의 꿈을 이루지는 못 했다. 그러나 얻은 교훈은 있다. 도움을 청할 곳이 없었지만 도움 받을 곳은 있었다. 바로 책이다. 이미 앞서간 선배들의 경험을 책을 통해 배울 수 있었다. 그것도 거의 무료다. 15,000원이면 그들의 몇 십 년 노하우를 배울 수 있었다. 아무것도 몰라도 배울 수 있고 성장할 수 있다. 책을 통해서다.

나 또한 이 책을 쓰기 위해 10년의 세월이 걸렸다. 지난 10년의 시행착오를 여기에 녹여냈다. 이렇게도 해보고 저렇게도 시도해본 세월이 이 책에 담겨 있다.

5분 만에 그린 스케치가 8,000만 원이 된 피카소의 일화는 유명하다.

"나를 그려 주면 그림에 대한 대가를 충분히 드리겠습니다."

"50만 프랑이오.(지금의 돈으로 환산하면 약 8,000만 원)"

"겨우 몇 분 동안 나를 그려놓고 어떻게 50만 프랑이나 받을 수 있나요?"

"나는 당신을 이렇게 그릴 수 있게 되기까지 40년이 걸렸소."

3장

꿈

내겐 소중한 꿈이 있다.

내가 일하지 않아도 쓰는 돈 보다 더 많은 돈이 들어오는 삶

내가 하는 일을 통해 세상에 선한 영향력을 미치는 삶

사랑하는 가족과 세계 곳곳을 여행하며 행복을 누리는 삶

떠오르는 아침 해를 느긋하게 바라보는 여유로운 삶

나의 꿈이 점점 현실로 다가옴을 느낀다.

이전에는 거대한 산처럼 느껴졌던 꿈이

이제는 눈앞에 다가와 있다.

꿈과 목표를 종이에 적고

그것을 이루려고 노력했던 지난 세월들이 있었기 때문이다.

성공하고 싶으면
오늘의 삶을 바꾸어야 한다

실천 없는 성공은 없다.
꿈을 이루려면 오늘의 삶을 바꾸어야 한다.

"저는 선생님처럼 꿈을 썼는데 왜 제 꿈은 이루어지지 않죠?"

"꿈을 이루기 위한 목표도 종이에 썼나요?"

"네, 목표도 있어요. 그래도 제 삶은 달라지지 않았어요."

"그 목표를 이루기 위해 어떤 노력을 했나요?"

"네? 그게 무슨 소리에요?"

"목표 달성을 위해 어떤 행동을 하셨죠?"

"아… 그게…"

마치 나의 초급장교 시절 모습 같다. 공군 장교로 임관하여 처음

배치 받은 곳이 서산이었다. 서산이면 나름 번화한 도시라고 생각할 수 있지만 내가 근무한 곳은 오지 중에 오지였다. 첩첩산중도 아닌데 무슨 오지냐고 할 수 있겠지만, 서산 변두리에 위치한 공군 비행장은 첩첩산중이라는 단어가 어울릴 정도로 주변에 아무것도 없었다. 커피 한 잔을 마시려면 차를 타고 서산 시내로 나가야 했다. 40분은 족히 걸린다. 국도를 100km 속도로 달렸을 때 이야기다. 걸어서 가는 것은 엄두도 못 낸다. 버스를 타고는 한 세월이 걸린다. 게다가 임관한 직후라 차도 없어서 그 불편이 이루 말할 수 없었다.

어쩔 수 없이 차를 한 대 사게 되었다. 없는 형편이었기에 중고차 한 대를 샀다. 차를 타고 어디 가는 것이 부끄러울 정도로 형편없이 낡은 차였다. 차가 있어도 삶이 크게 달라진 것은 아니었다. 어차피 퇴근 후면 차를 타고 갈 곳이 없었다. 비행장 근처에 아무것도 없었기 때문이다. 차가 있으나 없으나 한 상황이었다.

차를 사고 처음에는 근처에 있는 도서관에 가보았다. 다행히 부대에서 차를 타고 10여분을 가면 한서대학교가 있다. 대학이라고는 전혀 없을 것 같은 자연 속에 대학교 하나가 덩그러니 있다. 시험 기간을 제외하면 도서관이 텅텅 비었다. 수도권에서 통학버스를 타고 학교에 다니는 학생들이 많았기 때문이다.

텅 빈 도서관에 있으면 공부가 잘 될 것 같았다. 이곳에서 임용고시 공부를 다시 하면 왠지 시험에 붙을 것 같은 자신감이 들었다.

그런데 조금만 공부하면 졸음이 몰려왔다. 특히 인터넷 강의를 들을 때면 하품이 쏟아지고 눈꺼풀이 스르르 내려앉았다. 나를 지켜보는 눈이 없으니 행동도 거침없었다. 엎드려서 잠시 피곤을 쫓아낼 생각이었다. 하루 종일 격무에 시달렸던 터라 머리를 책상에 대면 잠이 들었다. 그러다 눈을 떠 보면 도서관이 문 닫을 시간이다. 도서관에 와서 고작 30분 책 보고 집에 돌아가야 하는 상황이다.

이런 일이 자주 반복되다 보니 '차라리 숙소에서 공부하자.'라는 생각이 들었다. 왔다갔다 기름 값도 아깝고 저녁 먹는 시간도 줄이면 시간과 돈 모두 절약할 수 있을 것 같았다.

'나 공부 진짜 열심히 해야지.'

그 마음도 잠시다.

'잠깐 TV나 볼까?'

하는 생각이 든다. 그리고는 TV를 켠다. 예능부터 스포츠까지 각종 채널을 탐색해본다. 잠깐으로 시작한 TV가 벌써 몇 시간째다.

'오늘까지만 쉬고 내일부터는 진짜 열심히 해야지.'

스스로 위로를 건넨다.

다음날도 어제와 크게 다를 바 없다. 가끔 야근이라도 해야 하는 날이면 책 한 장 넘겨보지도 않는다.

당시 나는 꿈만 있었다. 선생님이 되어보겠다는 꿈이다. 물론 진정으로 하고 싶은 일은 아니었다. 가슴 깊이 끓어오르는 열정도 없었다. 단지 생계를 해결해보겠다고 정한 길이다. 절박했다. 당장 전역하면 할 것이 아무것도 없었다. 전역 후의 돈벌이 수단을 찾아야 했다. 요리사를 하고 싶으나 경제적 형편으로 경희대학교에 가지 못 했다. C.I.A.라는 세계 최고의 요리학교에 가고 싶으나 역시나 경제적 형편이 허락되지 않았다. 교대를 졸업했으니 취업도 여의치 않았다. 답은 하나 밖에 없었다. 교사가 되어 돈을 모아 미국으로 유학을 가야 했다.

꿈만 있었던 나는 성공할 수 없었다. 꿈을 이루기 위한 노력이 없었기 때문이다. 퇴근 후의 삶은 핑계로 가득 차 있었다.

'오늘은 피곤하니까 내일 해야지.'

'오늘은 야근하니까 내일 해야지.'

'오늘만 쉬고 내일 해야지.'

'오늘은 동기들과 저녁 약속이 있어. 나도 힐링이 필요하니까.'

돌이켜 보면 안 될 수밖에 없는 행동을 하고 있었다. 그렇게 서산에서의 2년 반이 흘렀다. 2년 반 동안 손에 쥔 것은 허무 밖에 없었다. 임용고시를 준비한 것도 아니고, 취업을 준비한 것도 아니고, 영어 공부를 한 것도 아니었다. 그렇다고 돈을 많이 모은 것도 아니었다.

두 번째로 부임한 부대는 수원이었다. 수원은 서산과 달리 대도시에 비행장이 위치해 있다. 부대 정문을 나서면 바로 지하철역이다. 마음만 먹으면 언제든 서울에 갈 수 있다. 친구들도 주변에 많왔다. 서산에 비하면 수원은 천국이었다. 외로움을 느낄 틈조차 없었다. 할 일도, 할 수 있는 일도 많았다.

이런 축복 받은 곳에서 내 삶은 달라지기 시작했다. 주변 환경 때문이 아니었다. 퇴근 후에 하는 일이 바뀌었기 때문이다. 서산에서는 퇴근 후에 숙소에만 있었다. 숙소는 내게 그저 쉬는 곳이었다. 쉬는 곳이기에 책을 펴지 않았다. 운동도 등한시 했다. 그저 쉬고 싶었고 놀고 싶었다. TV나 보며 세월을 흘려보내는 것이 전부였다. 침대에 누워 내 목을 조르고 있었다.

반면 수원에서는 퇴근 하면 바로 카페에 갔다. 카페에서 책을 읽었다. 임용고시 공부는 전혀 하지 않았다. 그냥 책을 읽었다. 한때는 골프 레슨도 받았다. 저녁을 간단히 먹고 골프 연습장에 들려 1시간씩 골프 연습을 했다. 연습이 끝나면 다시 카페로 갔다. 커피 값을 아끼지 않았다. 커피는 내 인생을 서서히 바꿔 놓았다. 커피 맛 때문이 아니었다. 생각 때문이었다.

커피 한 잔은 4,000원이다. 그러나 4,000원을 쓴다고 생각하지 않았다. 4,000만 원을 번다고 생각했다. 퇴근 후에 숙소에 있으면 아무것도 하지 않는 나를 잘 알고 있었다. 숙소의 의미를 재정의 했다. '숙소는 공부하고 책 읽는 곳이 아니다. 그저 잠자고 쉬는 곳이다.' 이때부터 내 삶은 선순환으로 바뀌기 시작했다.

밤 10시 전에는 숙소에 들어가지 않았다. 주말에도 마찬가지였다. 일어나는 즉시 외출할 준비를 하고 근처에 있는 카페에 갔다.

마치 출근 도장을 찍는 것처럼 말이다. 동네에 있는 작은 카페에도 가고 번화가에 있는 스타벅스에도 갔다. 출출할 때는 근처에 있는 음식점에 들러 혼자 식사를 해결했다. 밥을 먹으려고 숙소에 들어가는 우를 범하지 않았다. 잠깐 밥 먹으러 들어갔다가 그날 하루를 온전히 망치는 경우를 여러 번 겪었기 때문이다. '잠깐 쉬어야지.' 하면 서너 시간은 훌쩍 지나가 버린다. 하루를 망치는 일은 다반사였다. 숙소는 쉬는 곳이기 때문이다.

도서관에서 공부가 잘 되는 사람이 있는가 하면 시끌벅적한 카페를 좋아하는 사람도 있다. 어떤 사람은 절간처럼 적막한 집에서 공부가 잘 되는 사람도 있다. 사람마다 다르다. 자신에게 맞는 방법이 있다. 내게 꼭 맞는 방법은 카페에 가는 것이었다. 커피 한 잔의 돈이 아깝지 않으려고 그 시간에 그에 맞는 노력을 기울이게 되었다.

'4,000원으로 인생을 바꿔보자!'

이 결심이 내 삶을 변화시켰다.

내게 카페는 '실천'하는 곳이다. 카페에 있으면 뭐라도 한다. 가만히 앉아 있기 뭐해서 책이라도 편다. 가방에 공부할 것을 챙겨오면 공부를 하게 되어 있다. 피 같은 내 돈 4,000원이 소중하기 때문이다. 매일 커피 한 잔을 먹어도 한 달에 12만 원 밖에 하지 않는다. 독서실 비용과 비슷하다. 담배를 끊으면 충분히 지불할 수 있는 돈이다. 친구들과 술자리 몇 번만 하지 않으면 만들어낼 수 있는 돈이다.

성공하고 싶다면 오늘의 삶을 바꾸어야 한다. 하루를 바꾸는 비결은 간단하다. 퇴근 후의 삶을 먼저 바꾸면 된다. 퇴근 후에 이 약속 저 약속에 끌려 다니지 말고 나만의 시간을 만드는 것이다. 남들처럼 살면 남들처럼 된다. 남들이 하지 않는 일을 해야 한다. 어려운 일이다. 그러나 세상에 휩쓸리지 않으려면 닻을 굳건히 내려야 한다. 뿌리가 깊어야 태풍에도 쓰러지지 않는다.

퇴근 후에 무엇을 하고 있는가.
나만의 아지트를 만들고 그곳에서 시간을 보내면 삶이 달라진다.

실천 없는 성공은 없다.
꿈을 이루려면 오늘의 삶을 바꾸어야 한다.

반드시 종이에 써야 하는 것

종이를 펼쳐라.
꿈과 목표를 종이에 적자.
그 종이를 주머니에 넣어 매일 들고 다니자.

돈을 모으는 방법은 간단하다. 쓰는 돈 보다 버는 돈이 많으면 된다. 버는 돈이 일정하면 쓰는 돈을 줄여야 한다. 한때 가계부를 썼다. 버는 것보다 지출이 더 많은 현실을 바꿔 보고 싶었다. 수입은 일정한데 지출이 많았다. 인터넷 쇼핑 때문이다.

처음에는 휴대폰으로 지출을 관리했다. 가계부 애플리케이션을 사용했다. 카드를 쓰고 난 뒤 돌아오는 문자메시지를 복사해서 붙여넣기만 하면 된다. 나머지는 애플리케이션이 알아서 분석하고 관리해준다. 가계부를 몇 달간 써봤지만 쓰는 돈이 줄어들지는 않았다. 오히려 일만 더 늘었다. 꼬박꼬박 날아오는 문자메시지를 붙여 넣어야 하고, 현금으로 사용한 돈은 추가로 입력해야 했다. 쓰는 돈을 점검하고 조금이라도 지출을 줄여보려고 한 노력은 허사가 되었다.

그 다음으로 해본 것이 종이에 쓴 돈을 적기 시작했다. 애플리케이션 보다 더 귀찮은 방법이다. 종이에 쓰면 장점은 분명히 있다. 수입과 지출이 한 눈에 보인다. 그러나 돈을 쓸 때마다 종이에 기록한다는 것은 보통 일이 아니다. 처음에는 쉽게 할 수 있을 것만 같았다. 며칠 지나니 적는 것이 귀찮아졌다. 십 원 단위까지 적고 계산하는 것이 쉽지 않았다. 한 달도 못 되어 포기했다.

애플리케이션도 안 되고 직접 종이에 쓰는 것도 포기했다. 마지막으로 컴퓨터 파일로 지출을 관리해 보았다. 한 페이지에 수입과 지출을 일목요연하게 볼 수는 있었지만 이것도 역시 며칠 가지 않았다. 매일매일 뭔가를 쓴다는 것은 보통 일이 아니었다. 대단한 꾸준함과 인내가 필요하다.

가계부 쓰는 것을 포기하고 찾은 방법은 용돈을 정하는 것이다. 어릴 때 누구나 부모님께 용돈을 받아썼던 경험이 있을 것이다. 이 방법을 스스로에게 적용하면 된다. 일주일간 쓸 지출을 정하고 제한된 돈으로 한 주를 살아간다. 밥을 먹고 영화를 보고 커피 마시는 비용 모두를 포함한다.

여러 방법 중에 용돈을 정해놓고 돈을 쓰는 방법이 가장 효과가 좋았다. 아직까지도 지키고 있다. 이제는 아내도 동참하고 있다. 각각 일주일에 10만 원의 용돈을 받는다. 한 주에 10만 원으로 사는 것은 빡빡하다. 그럼에도 잘 지키고 있다.

과소비를 통제하지 못 해 여러 방법을 동원해왔다. 의지력이 강한 편이 아니다. 보통의 사람 보다 더 낮으면 낮았지 높지 않다. 이런 사람이 10년 동안 포기하지 않고 꾸준히 해온 것이 있다. 꿈과 목표를 종이에 쓰는 것이다. 가계부조차 쓰지 못 하는 사람이 어떻게 10년이라는 긴 세월 동안 종이에 꿈과 목표를 쓸 수 있었을까.

내 인생을 제대로 바꿔 보고 싶었기 때문이다. 인생역전의 꿈 말이다. 군인이 할 수 있는 일은 상당히 제한적이다. 우선 '겸직 금지'의 의무가 있다. 군인의 신분으로 다른 수익 사업을 할 수 없다. 당연히 아르바이트나 또 다른 직업을 가질 수 없다. 오로지 국가가 지급하는 월급으로만 살아야 한다.

월급으로 기본적인 생계는 유지할 수 있다. 그러나 결코 풍족하지 않다. 일 년에 한 번 마음 놓고 해외여행을 가는 것조차 쉽지 않다. 몇 년간 모은 돈으로 차를 사야 했다. 사야 할 것이 어디 차뿐인가. 결혼도 해야 하고 신혼집도 마련해야 한다. 혹시나 자녀라도 태어나면 저축은 꿈도 꾸지 못 한다. 더군다나 장교는 2년마다 한 번씩 부대를 옮겨야 한다. 전국을 떠돌아다니는 장돌뱅이 신세다. 조금 익숙해졌다 싶으면 도시를 옮겨 이사를 해야 하니 삶이 안정되지 않았다.

이런 험난한 생활조차 45세 정년에 걸린다. 45세면 한창 가족들을 부양해야 할 나이다. 중령으로 진급하지 못 하면 45세에 아무 준비도 없이 세상으로 나와야 한다. 45세의 전역한 군인을 어디서 뽑아줄 것인가. 운이 좋아 중령으로 진급한다 해도 53세가 마지막이다. 전역 이후의 삶은 무엇을 하고 보낼지 눈앞이 깜깜했다.

게다가 군인으로서 하는 일이 아주 행복한 것은 아니었다. 회의 자료를 작성하고 회의에 참석하는 일의 연속이었다. 보고서도 무한 반복이다. 자유가 없다. 군인 연금과 내 청춘을 바꾸기에는 인생이 아깝다고 생각했다. 그럼에도 내 삶을 바꾸기 위해 지금 당장 할 수 있는 일은 없었다. 사실 무엇을 해야 할지도 몰랐다. 한 가지는 빼고 말이다.

꿈과 목표를 종이에 쓰는 것을 한 번도 잊은 적이 없었다. 무려 10년째 지속하고 있는 일이다. 처음에는 해야 할 일을 빠뜨리지 않기 위해 그날그날 할 일을 종이에 적기 시작했다. 시간이 지나 할 일을 적는 것에서 발전하여 꿈과 목표도 종이에 적었다. 가계부도 쓰지 못 하는 내가 꿈과 목표를 종이에 적은 것은 놀라운 일이었다. 꿈과 목표를 종이에 적는다고 해서 당장 삶이 달라지지도 않는다. 그럼에도 꿈과 목표를 종이에 적은 것은 한 권의 책 때문이었다.

《성공을 바인딩하라》는 3P자기경영연구소 강규형 대표가 쓴 책이다. 이 책에서 강 대표는 성공한 사람들은 꿈과 목표를 종이에 적는다고 했다. 자신도 꿈과 목표를 종이에 적었고 그 뒤 삶이 달라졌다고 말했다. 지방대 출신인 그가 대기업의 임원이 된 것도 모두 바인더에 쓴 꿈과 목표 때문이라 말했다.

나는 이 책에서 희망을 보았다. 지극히 평범했던 그가 성공한 방법, 성공한 사람들 모두가 종이에 꿈과 목표를 적은 뒤 성공했다는 그 말을 믿었다. 이것 말고는 방법이 보이지도 않았다. 내게 사업 기회를 제안하는 사람도 없었고, 나를 스카웃 해가겠다는 사람도 없었다. 그렇다고 대기업에 원서를 낼 용기도 없었다. 이대로 살고 싶지는 않은데 나를 바꿀 방법을 몰랐다. 종이에 꿈과 목표를 적는 것이 내가 아는 유일한 방법이었다.

내게 이렇게 묻는 사람이 있다.

"꿈과 목표를 종이에 적으면 성공 확률이 몇 프로나 될까요?"

그들에게 이렇게 대답한다.

"믿으면 100%, 안 믿으면 0%입니다."

"확실한가요?"

"해보셨나요?"

"…"

"한 번 해보세요."

자신의 인생을 바꾸는 다른 방법을 알고 있으면 그 방법대로 하면 된다. 더 좋은 방법이 있는데 굳이 꿈과 목표를 종이에 쓰는 수

고를 하지 않아도 된다. 나도 그런 방법을 알았다면 더 쉬운 길을 택했을 것이다. 지금 당장 효과도 없는 방법에 굳이 시간을 들이지 않았을 것이다.

주식 대박을 꿈꾼다. 내가 산 종목이 내일 아침에 바로 상한가를 쳤으면 하는 바람이 있다. 내가 산 종목이 매일 매일 상한가를 친다면 얼마나 좋을까. 그런 일이 현실에서 잘 일어날까. 오히려 주식 대박을 꿈꾸고 뛰어든 주식 판에서 종잣돈을 잃고 나가는 경우를 심심찮게 목격할 수 있다.

인생에 쉬운 길은 없다. 다만 정도는 있다. 꿈과 목표를 종이에 적는 것이다. 이것이 오히려 빠른 길일지도 모른다. 대박 식당 사장님께 물어보자.

"사장님 대박의 비결이 뭐에요?"

"뭐긴 뭐야, 정성이지."

"아니, 그거 말구요. 진짜 비결 말이에요."

"못 믿겠지? 정성이 진짜 비결이야."

우리는 진짜 비결을 진짜라 믿지 않고, 사장님도 모르는 비법을 찾아 헤매고 있을지도 모른다. 진짜 비결은 꿈과 목표를 종이에 적는 것이다. 비법을 찾다가 인생을 모두 낭비하지 말라. 이미 성공한 사람들이 지름길을 발견해 놓았다. 우리는 그들의 발자취를 따라 가기만 하면 된다. 너무 쉬워서 도전하고 싶은 생각이 들지 않을 정도로 간단한 방법이다.

종이를 펼쳐라.

꿈과 목표를 종이에 적자.

그 종이를 주머니에 넣어 매일 들고 다니자.

그것이 전부이다.

행동해야 알 수 있는 것

꿈을 이루는 것은 행동하는 자의 것이다.
의심하면 행동하지 않는다.
행동하지 않으면 성공은 없다.

처음 아르바이트를 구할 때의 두근거림이 생각난다. 두 번째 수능을 치고 나서 일자리를 구해야 했다. 당장의 생계를 해결해야 하기에 다급했다. 〈교차로〉라는 생활정보 신문이 있다. 지금이야 인터넷으로 일자리를 찾는 것이 당연하지만 당시에는 신문에서 찾아야 했다. 교차로에 나온 일자리 중에서 식당만 골랐다. 요리사가 되는 꿈이 있었기에 다른 일자리는 보지도 않았다.

그 중에 가장 끌리는 곳이 대구에서 제법 규모가 있는 중식당이었다. 버스를 타고 30분이면 갈 수 있는 곳이었다. 떨리는 마음으로 전화를 걸었다.

'요리라고는 아무것도 할 줄 모르는 사람을 뽑아 줄까?'

'나처럼 어린 나이의 학생을 식당에서 받아 줄까?'

'내가 그 식당에서 무슨 일을 할 수 있을까?'

전화가 울리는 동안 갖가지 생각이 다 났다. 나를 뽑아줄 것이라는 긍정적인 기대는 하나도 없었다. 걱정과 두려움에 휩싸인 채 전화 받기를 기다렸다. 생각과는 달리 언제 면접을 할 수 있냐고 물어왔다. 바로 다음날 면접을 보기로 약속을 잡고 전화를 끊었다. 예상과는 달리 너무 쉬운 반응이었다.

면접을 보러 가는 길에도 기대보다 두려움이 앞섰다.

'칼질을 시키면 어떻게 하지? 양파도 못 까는데.'

'무슨 일을 하게 될까, 설거지는 하기 싫은데.'

버스에서도, 버스에서 내려서 걷는데도 심장이 쿵쾅쿵쾅 거렸다. 식당 앞에 다다랐다. 건물 외관부터 나를 압도했다. 식당은 무려 2층으로 되어 있었고, 주차장을 포함하면 200평이 넘는 면적이었다. 이렇게 크고 멋진 곳이라고는 상상도 못 했다. 중국집 하면 떠오르는 편견이 있었기 때문이다. 허름하고 지저분한 식당을 생각했던 것이다. 이렇게 화려한 고급 중식당은 처음이었다. 어지간한 사람 키보다 두 배는 높은 문을 열고 들어갔다. 손님들이 점심을 먹고 나간 자리가 여기저기 흩어져 있었다. 점심의 치열한 전투를 보여주는 듯했다.

면접은 수월하게 진행되었다. 때마침 연말이라 주방의 일손이

절실히 필요하다고 했다. 게다가 얼마 전에 일하러 온 사람이 며칠 만에 도망갔다고 한다. 식당일이 생각보다 힘든데 괜찮겠냐며 오히려 나의 의지를 물어왔다. 의지만은 어느 누구에게도 뒤지지 않을 나였기에 바로 내일부터 일을 하겠다고 했다. 전화도 하기 전부터 걱정만 했었다면 중식당 주방에서의 경험은 내 인생에 없었을 것이다. 이 경험이 훗날 또 다른 기회를 가져다 준 것은 덤이다.

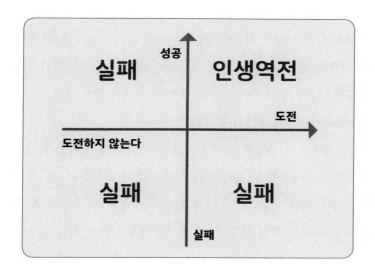

실천해보아야 결과를 알 수 있다. 행동하지 않으면 결과는 모른다. 도전에는 4가지 경우의 수가 있다. 먼저 도전하는 경우다. 도전은 50%의 확률이다. 도전해서 성공할 수도, 실패할 수도 있다. 반면 도전하지 않으면 100% 실패한다. 도전하지 않는 성공은 없다.

다시 말해 행동하지 않으면 삶은 바뀌지 않는다. 도전하면 성공의 기회가 주어진다. 절반의 확률이다. 도전에 실패하더라도 남는 것이 있다. 도전 경험이다. 또한 후회가 남지 않는다. 해보았기 때문이다.

아내를 만난 것은 도전했기에 가능한 일이었다. 내가 생각하는 배우자는 이 세상에서 만날 수 없는 사람이었다. 몸과 마음과 얼굴이 예쁜 사람, 책을 읽는 사람, 꿈이 있는 사람을 원했다. 일단 주변에 책을 읽는 사람이 없었다. 게다가 꿈을 가지고 희망에 가득 차 하루하루를 열심히 사는 사람은 본 적이 없었다. 몸과 마음과 얼굴이 예쁜 사람은 인터넷에서나 볼 수 있는 사람이었다. 그런 사람이 나의 아내였으면 좋겠다고 생각했다.

일단 원하는 이상형을 종이에 적었다. 그리고 하루에 한 번 소리 내어 말하기 시작했다. 원하는 목표를 소리 내어 말하는 것, 참 쉬운 일이다. 쉬운 일을 한 번 실천하는 것은 쉽다. 이틀도 할 수 있다. 그런데 쉬운 일을 일주일, 한 달, 일 년을 꾸준히 하는 것은 어렵다. 습관이 되어 있지 않기 때문이다. 시스템화 되어 있지 않은 것이다.

그때부터 새벽기도에 나가기 시작했다. 새벽기도에 가면 함께하는 힘이 있다. 목사님을 비롯해 여러 성도들과 함께 기도한다. 이른 새벽에 일어나 하루를 시작하는 성취감도 동시에 맛볼 수 있다. 정말 좋은 것은 원하는 것을 마음껏 소리 내어 말할 수 있다. 출근

해서 사무실에서 말하기는 주변 사람들에게 민폐를 끼치는 일이다. 게다가 업무가 시작되면 정신없이 몰려드는 일에 정신을 빼앗긴다. 꿈을 말하기는커녕 조금이라도 쉬고 싶은 생각이 든다.

가을 무렵 시작한 새벽기도였다. 한참의 시간이 흘러 두툼한 겨울옷을 꺼내 입어야 했다. 새벽에 교회로 가기 위해서는 차 유리에 낀 성에를 제거해야 했다. 그렇게 시간이 흘러 해가 바뀌었다. 새벽기도를 한 지도 100일이 훨씬 더 지나 있었다. 새벽 5시에 일어나는 것이 처음에는 쉬운 일이 아니었다. 새벽에 일어나는 고통도 시간이 지나니 점점 익숙해졌고 습관이 되었다.

아내를 만난 것은 그 무렵이었다. 서울에 있는 어느 독서모임에 참석했다. 우연히 같은 모둠에서 토론을 하게 되었고, 그녀의 자신감 넘치는 목소리가 또렷이 머리에 각인 되었다. 자신의 일에 최선을 다하고 성장하려는 의지가 있는 사람. 게다가 외모 또한 너무나 예쁜 사람이었다. 독서모임에서 만났으니 책을 좋아하는 것은 물어보지 않아도 뻔했다. 내가 상상하던 완벽한 사람이 나타난 것이다.

누구는 우연이라고 할지 모른다. 그러나 나는 절대 우연이라고 생각하지 않는다. 하나님께, 우주에, 대한민국에 끊임없이 메시지를 보냈다. 이른 새벽, 교회 지하 예배당에서 세상을 향해 나의 배우자를 찾게 해달라고 소리 내어 외쳤다. 그리하여 전혀 예상하지 못 한 곳에서 아내를 만날 수 있게 되었다.

책에서 말하는 내용이 헛된 것이라 말하는 사람들이 있다. 그것은 책에서나 존재하는 것이지 현실과는 동 떨어진다고 말한다. 나는 경험으로 알고 있다. 책에서 말하는 공통적인 이야기는 100% 사실이라고.

원하는 것을 상상하고 소리 내어 외치면 이루어진다고 했다. 아내를 만난 것은 자기계발서의 원리를 그대로 따랐기에 가능한 일이다. 의심하기보다 행동했기에 이룰 수 있었다. 도전의 반대말은 의심이다. 의심하면 행동하지 않는다. 행동하지 않으면 성공은 없다.

행동해서 밑질 것이 없는 일에는 과감히 도전했다. 경험해야 느낄 수 있는 것들이 있다. 해보지 않고는 모르는 일이다. 생각만으로는 성취할 수 없는 일이다. 꿈을 이루는 것은 행동하는 자의 것이다.

그럼에도 불구하고 해야 하는 것

그럼에도 불구하고 해야 하는 것.
꿈과 목표를 종이에 적는다.
그리고 행동으로 옮긴다.

꿈과 목표를 종이에 쓴다고 지금 당장 내 인생이 드라마처럼 바뀌지 않는다. 살고 있는 집과 타고 있는 차는 여전히 그대로다. 먹는 음식이 바뀌지도 않고 만나는 사람들도 여전히 같은 사람이다. 경제적 수준도 여전하고 내 몸도 어제와 다를 바 없다. 그럼에도 불구하고 꿈과 목표를 종이에 써야 하는 이유는 무엇일까?

당신이 이 책을 읽으면서 '꿈과 목표를 종이에 꼭 적어 보겠다!'는 의지가 생긴다면 좋은 신호다. 더 좋은 것은 실행으로 옮기는 것이다. 두 눈에 쌍심지를 켜고 종이를 꺼내 꿈과 목표를 적는다. 다음날 문득 이런 생각이 든다.

'이게 아닌가?'

종이에 쓰면 삶이 달라진다고 했는데, 기대와 달리 내 삶은 별다름없다는 것을 보게 된다. 의심이 들기 시작하면 꿈과 목표를 종이에 쓰는 것이 점차 내 삶 밖으로 밀려 나간다. 며칠만 지나면 활활 타올랐던 의지는 어김없이 서서히 꺼져간다.

나는 지극히 평범한 사람이었다. 어쩌면 평범함을 넘어 평균 이하의 삶을 살았다. 부모님의 이혼으로 경제적 빈곤함 속에 자랐다. 어머니는 결혼 후 주부로만 살아왔다. 이혼과 동시에 일터로 내몰렸고 '경단녀(경력 단절녀)' 답게 직장을 구할 수 없었다. 어쩔 수 없이 밤늦게까지 일해야 하는 레스토랑에서 서빙을 하며 생계를 유지했다. 그러다 운 좋게 레스토랑을 인수했다. 불행 중 다행으로 IMF 전까지 돈을 벌어 아파트를 살 수 있었다. 중학교 2학년 때의 일이다.

부모님의 이혼 직후에 나는 할아버지 집에서 지내야 했다. 섬진강이 흐르는 경남 하동에서 초등학교 1학년을 다녔다. 할아버지 집은 아주 외딴 산 속에 자리 잡고 있었다. 하동 읍내에서도 아주 많이 떨어진 외진 곳이다. 슈퍼는 찾아 볼 수도 없는 오지였다. 게다가 학기 중에 전학을 와서 친구가 없었다.

대학에는 3번 만에 갈 수 있었다. 중3이 되면서 게임에 빠졌다. '포트리스'라는 탱크 게임이 있었다. 학교에서 돌아오면 게임을 했다. 저녁은 라면으로 해결하고 새벽까지 게임을 했다. 친구들과 노래방에 자주 갔다. 그 무렵 담배도 피기 시작했다. 종종 술도 마셨다.

고3이 되어서야 현실을 깨달았다. 이 성적으로는 서울에 있는 대학 어디에도 가기 힘들다는 것을. 지방의 국립대학교조차 가기 어렵다는 것도 고3이 되어서야 알게 되었다. 우리 집 형편으로는 사립대학교는 엄두도 못 냈다. 겨우겨우 생계를 해결하고 있었기 때문이다.

첫 번째 수능을 본 뒤로 2번의 수능을 더 치르게 되었다. 두 번째 수능 준비는 독서실에서 했다. 재수 학원은 엄두도 못 냈다. 유일한 즐거움은 하루 한 번 합기도에 가는 것이었다. 혼자 공부해서는 효율이 나지 않았다. 조용한 독서실에서 엎드려 자는 것도 일상이 되었다. 이어폰을 끼고 아침부터 라디오를 들었다. 사람의 흔적이 없는 독서실에서 유일하게 만날 수 있는 사람이었다.

세 번째 수능을 준비할 때는 학원을 다녔다. 없는 형편에 삼수까지 하니 너무 절박했다. 단 하루도 쉬지 않고 공부만 했다. 그 누구보다 열심히 했다. 친구의 PC방을 가자는 유혹에도 한 번도 끌린 적이 없었다. 운이 좋게도 수능 때까지 꾸준히 점수가 상승했다. 갖은 고생 끝에 들어간 대학이 대구교대였다.

대구교대는 원해서 간 것은 아니었다. 학비가 다른 학교에 비해 굉장히 저렴했기에 갈 수 있었다. 게다가 장학금까지 받고 입학한 터라 100만 원도 되지 않는 돈으로 등록금을 낼 수 있었다. 학교를 다니며 제법 많은 돈을 벌 수 있는 장점도 있었다. 교대를 다닌다는 이유만으로 과외가 많이 들어왔다. 4년 동안 꾸준히 과외를 했다. 등록금과 생활비 전부를 스스로 해결해야 했기 때문이다.

대학교 졸업을 앞두고 임용고시를 쳤다. 보기 좋게 떨어졌다. 안정된 직장을 구할 수 있을까 했던 기대는 온데간데없었다. 게다가 한참을 미뤄놓은 군대를 가야 했다.

공군 장교가 되었다. 의무복무를 해결해야 했기 때문이다. 군대에서도 방황을 했다. 처음 발령 받은 곳은 충남에 있는 서산 비행장이었다. 허허벌판 위에 공군 기지 하나가 있다. 수도권에서 근무를 해보고 싶었으나 갈 수 있는 자리가 없었다. 그나마 수도권에서 가까워서 울며 겨자 먹기로 선택한 곳이었다. 여기서 임용고시 공부를 다시 시작해 보았다. 퇴근 후에 시험공부를 한다는 것이 마음처럼 쉽지는 않았다. 교사가 되어야겠다는 의지도 그다지 강하지 않았다. 사명감이 아니라 생계를 해결하기 위해 가져야 했던 직업이기 때문이다.

바다 위를 표류하는 배에 타고 있었다. 배에는 아무것도 없었다. 나와 바다만 존재했다. 어디로 가야 할지 앞으로 어떻게 생명을 유지해야 하는지 알려주는 이 하나 없었다. 그러던 중에 시작한 것이 꿈과 목표를 종이에 적는 것이었다. 유일하게 나의 의지대로 할 수 있는 일이었다.

종이 위에는 어떤 것도 마음대로 적을 수 있었다. 1,000만 원도 없는 사람이 1,000억 자산을 가진 부자가 되겠다는 꿈을 적었다. 전역하면 당장 할 것도 없는 사람이 잘 다니고 있는 군대에서 나오겠다는 생각을 종이에 썼다. 일기라고는 초등학교 때 숙제로 어쩔 수 없이 써본 것이 전부였던 사람이었다. 그 사람이 종이에 베스트셀러 작가가 되겠다는 꿈을 기록했다.

종이에 꿈을 적는다고 현실은 달라지지 않는다. 꿈을 종이에 쓰는 행위로 현실이 달라진다면 누구나 성공한 삶을 누릴 수 있을 것이다. 현실은 그렇게 만만한 것이 아니다. 어느 날 뿅 하고 내 삶이 달라지는 것은 영화에서나 보는 일이다. 그럼에도 불구하고 해야 하는 것이 있다.

종이에 꿈과 목표를 적는 것이다. 오늘 당장은 달라지지 않지만 미래는 바꿀 수 있다. 방법은 이렇다. 먼저 꿈을 쓴다. 1,000억 자산가 같은 꿈 말이다. 다음으로 꿈을 향한 징검다리인 목표를 종이에 쓴다. 1,000억 자산가의 꿈을 이룰 목표를 정한다. 꿈은 원대하지만 목표는 달성할 수 있는 일이어야 한다. 매달 100만 원씩, 올해 종잣돈 1,200만 원을 모으겠다는 목표를 세운다. 그리고 행동으로 옮긴다.

내년에도 같은 일을 반복한다. 1,000억 부자라는 꿈을 적는다. 120만 원씩 1,440만 원씩을 모으고, 작년에 모았던 1,200만 원을 어딘가에 투자한다는 목표를 적는다. 그리고 행동으로 옮긴다.

꿈을 이루는 것은 작은 목표를 세우고 실천하는 사람에게 찾아오는 결과다. 현재의 나는 꿈을 이룬 나에 비하면 보잘것없다. 당연하다. 거대한 IT기업을 이룬 미국의 창업자들은 흔히 지하실이나 차고에서 보잘것없게 시작한다. 작은 목표를 세우고 하나씩 그 목표를 이루어가면 꿈에 가까워진다. 시간이 걸리는 일이다.

베스트셀러 작가가 되겠다는 꿈을 정한 지 8년이 지난 어느 날, 세상에 나의 첫 번째 책이 나왔다. '내가 쓴 책을 누가 읽겠어?'라는 의문을 품었다. 무슨 말을 책에 써야 할지, 책은 어떻게 써야 할지 고민만 하던 나였다.

평소 잘 알고 지내던 황미옥 작가의 4번째 책이 나왔을 때 나도 책을 쓰겠다는 용기를 냈다. "내 책을 읽고 단 한 명이라도 삶이 바뀐다면 책을 쓸 가치가 있다."는 이은대 작가의 말에 3달 동안 새벽 4시 30분에 일어나 글을 썼다.

2018년 12월 25일 크리스마스. 《평범한 사람이 특별해지는 방법》은 그렇게 세상에 나온 것이다. 정말 신기한 것은 책을 펴낸 뒤

제법 많은 사람들이 찾아온다는 것이다. 내 책을 읽고 희망을 찾고 용기를 얻었다는 사람들을 만날 때면 엄청난 보람을 느낀다.

이제 나는 징검다리 하나를 건넜다. 아직 눈앞에 놓인 징검다리가 많다. 꿈을 이룬 사람이 아니라 꿈을 향해 가는 사람이다. 이제 작은 성취를 이뤄냈다. 한 가지 분명한 것은 어제의 나와는 다른 사람이 되어 있다는 것이다. 이 책은 나의 두 번째 징검다리이다. 성장일기이기도 하다. 지극히 평범한 사람이 특별한 사람이 되어 가는 기록이다.

꿈과 목표를 종이에 적어보시라. 그리고 그 목표를 위한 행동을 할 때 엄청난 일이 생겨난다. 포기하지 말고 끝까지 해보시라. 어떤 날은 깜빡하고 종이를 펴지 않은 날도 있을 것이다. 넋 놓고 살다 보면 일주일 내내 종이에 목표를 적지 않을 수도 있다. 걱정 말라. 다시 시작하면 된다. 작심삼일 100번이면 1년이 지난다. 일 년간 100번의 도전으로 인생을 바꿀 수 있다. 한 번도 시도하지 않으면 아무것도 남지 않을 것이고, 100번의 도전을 하면 놀라운 기적을 체험할 수 있을 것이다.

그럼에도 불구하고 해야 하는 것.
꿈과 목표를 종이에 적는다.
그리고 행동으로 옮긴다.

이거라도 해보자

무엇을 해야 할지 몰라 방황할 때 하는 일은 비슷하다. TV 보기, 인터넷 파도타기, 미드(미국 드라마) 정주행. 누워서 편안하게 할 수 있는 일이다. 나도 2년 반을 누워 지냈다. 환자도 아닌데 말이다. 분명한 목표가 없었기 때문이다.

한때는 야구에 푹 빠져 살았다. 어릴 때부터 삼성 라이온즈 야구단의 팬이었다. 초등학교 때는 삼성 라이온즈 야구 점퍼를 입고 학교에 다니기도 했다. 심지어 초등학교 졸업사진을 찍을 때도 야구 점퍼를 입었다. 그 정도로 야구를 좋아했다.

첫 부임지 서산에서 일할 때였다. 퇴근 하면 항상 노트북 앞에 앉았다. 숙소에는 TV가 없었기 때문에 노트북으로 야구 채널을 틀었다. 초저녁부터 야구가 끝날 때까지 노트북 앞을 떠나지 않았다. 심지어 야구가 다 끝나고 야구 경기의 하이라이트를 보여주는 스포츠 채널까지 보고서야 잠에 들었다. 한국 시리즈가 종료되고 나면 야구를 몇 개월 간 볼 수 없게 된다. 이 시기에는 또 다른 요기 거리를 찾아야 했다. 시간을 때울 먹잇감 말이다.

대학교 4학년 졸업을 앞두고 임용고시 1차 시험을 쳤다. 너무나 좋은 성적이었다. 2차, 3차 시험은 당연히 붙을 것이라 생각했다. 그때부터 〈무한도전〉에 빠졌다. 무한도전은 내가 대학에 입학했던 2006년에 시작했던 프로그램이다. 무한도전이 처음 방영되었을 당시에는 인기가 없던 프로그램이었다. 나 또한 막 시작한 대학 생활과 쉴 틈 없는 과외로 하루하루를 너무 바쁘게 생활했었기에 TV를 볼 시간이 많지 않았다. 대학 4년 내내 생계를 해결하느라 바빴기 때문에 무한도전을 볼 생각조차 못 했다.

처음으로 많은 시간을 가졌던 시기가 임용고시 1차 시험을 치르고 난 뒤였다. 공부는 하지 않고 밤을 새워 무한도전을 챙겨 보았다. 4년간 방영했던 무한도전을 몰아 보았다. 무한도전 정주행이 시작되었다. 임용고시를 준비해야 할 사람의 몰락이었다. 보기 좋게 2차 시험에서 떨어졌다. 분명한 목표가 없었기 때문이다.

반면 분명한 목표를 세우고 도전한 경우는 어김없이 성과를 냈다. 어릴 때부터 그림 그리는 것을 좋아했다. 그림 전시회도 자주 보러 다녔다. 생활에 여유가 조금 생겼을 때 그림을 그리기 시작했다. 대위로 진급했을 때다. 마침 너무나도 훌륭한 선생님을 만났다. 수채화를 그리는 조상희 작가였다. 조상희 작가는 전시와 동시에 화실을 운영하는 예술가다. 망쳐놓은 그림을 몇 번의 붓 터치로 예술작품으로 변화시키는 탁월한 능력을 가졌다. 내 그림도 예외가 아니었다.

조상희 작가는 화실에 다닌 지 3개월도 되지 않는 내게 목표를 하나 주었다.

"경섭씨, 우리 화실 회원들과 같이 전시회 할 거예요.

경섭씨도 해야 해요. 알죠?"

이제 겨우 연필로 선을 긋고 있던 내게 엄청난 목표였다.

"저 이제 3개월 지났는데요?"

"할 수 있어요. 연말에 할 거예요. 지금부터 준비하세요."

그 결과가 3번의 전시회다. 3년 동안 매년 전시회에 참가했다. 10개가 넘는 작품을 그려냈고 초보 작가가 되었다.

대학원도 이맘 때 다니기 시작했다. 뭐라도 해야 했다. 남들은 저만치 앞서 가는 것 같았다. 나만 가만히 있는 것 같았다. 가만히 있는 것은 곧 퇴보를 뜻했다. 청주에 있는 공군사관학교에서 근무할 때였다. 청주에는 국립대학교인 충북대학교가 있다. 대학 시절부터 교육철학에 관심이 많았다. 전국에서 교육철학을 제대로 가르치는 대학이 몇 없다. 그 중에 하나가 충북대학교였다. 운이 좋았다. 게다가 너무나 훌륭한 교수님도 만났다. 교육과정 철학을 가르치는 김광민 교수다. 사실 입학 전까지는 김광민 교수가 얼마나 훌륭한 사람인지 몰랐다. 그에게 수업을 들으면서 알게 되었다. 이처럼 훌륭한 교수 밑에서 공부할 수 있다는 것이 얼마나 큰 축복인지 말이다. 하버드가 부럽지 않았다.

월요일과 목요일에는 대학원에 다녔다. 수요일에는 화실에 갔다. 화요일에는 늦게까지 남아 야근을 했다. 주말에는 대학원 과제를 해치웠다. 월화수목금토일, 쉬운 날이 없었다. 왜 그렇게 열심히 살았냐고 묻는다면 '이것 말고는 무엇을 해야 할지 몰라서.'였다. 뭐라도 해야 했다.

'이거라도 하지 않으면' 인생이 나락으로 떨어지는 느낌이었다. 군인으로 평생을 살고 싶은 생각이 없었다. 깨어 있는 시간의 절반 이상을 내가 원치 않는 곳에 에너지를 쏟아야 했다. 자유가 없었다. 휴가를 가고 싶어도 눈치를 살펴야 한다. 친구가 찾아와도 부대 밖으로 마음대로 나갈 수 없다. 원하는 근무지를 택할 수도 없다. 2년마다 부대를 옮겨야 한다. 진급이 되지 않으면 45세에 사회로 나와야 한다.

군인으로 사는 것은 명예롭고 숭고한 일이다. 목숨을 걸고 나라를 지키는 것은 아무나 할 수 없는 일이다. 그렇지만 나는 그렇게 살 자신이 없었다. 그렇게 살고 싶지도 않았다. 나는 보다 자유롭게 살고 싶었다. 더불어 의미 있게 살고 싶었다. 내가 하는 일이 세상에 선한 영향력을 끼치는 일이었으면 좋겠다고 생각했다. 그렇지만 지금 당장 무엇을 해야 할지 몰랐다. 그래서 '이거라도 해보자'해서 한 것이 그림 그리기와 대학원에 다닌 것이었다.

TV만 보던 예전의 나와는 분명 달라졌다. 같은 시간을 보내도 성과 내는 일을 했다. TV를 하루 종일 보면 성과가 없다. 시간은 똑같이 흐른다. TV를 끄고 그림을 그렸다. 남들은 야구경기에 한참 빠져 있을 때 대학원에 나갔다. 비록 한 학기를 남기고 다른 부대로 이동하는 바람에 대학원 졸업장은 없다. 그렇지만 시간을 쪼개 쓴 그 시간이 여전히 가치롭다.

내 삶에서 가장 오래 지속한 행동은 꿈과 목표를 종이에 쓰는 것이다. 10년째다. 꿈과 목표를 종이에 쓰는 것도 '이거라도 해보자' 하는 심정에서 시작한 일이다. 너무나도 답답한 상황이었다. 전 세계에서 가장 유명한 요리학교인 C.I.A.(Culinary Institute of America)에 가고 싶었지만 학비와 생활비 1억을 어떻게 모을지 난감했다. 너무나 높은 장벽이었다. 게다가 영어도 잘 못 했다.

지금은 꿈이 바뀌었다. C.I.A.에 가는 것 보다 더 멋진 꿈이 생겼다. 그 꿈을 향한 목표도 세웠다. 10년 전의 나와 지금의 나는 많이 변했다. 10년 전의 나는 눈을 감고 길을 걷는 사람이었다. 한치 앞을 알 수 없었다. 어디에 어떤 위험이 있는지 알 수 없었다. 이리 갔다 저리 갔다 했다. 반면 지금은 내가 어디로 가야 할지 알고 나의 위치가 어디에 있는지도 잘 안다. 자신감도 생겼다. 그 비결은 꿈과 목표를 지난 10년 동안 종이에 적어왔기 때문이다.

꿈과 목표를 쓴 종이를 가진 것은 내비게이션을 손에 쥔 것과 같다. 꿈은 목적지다. 목표는 목적지로 가는 이동 경로다. 내비게이션만 있으면 아무리 방향감각 없는 사람이라도 목적지에 도착한다. 꿈과 목표를 기록한 종이는 내비게이션이다. 그러니 아무 걱정 말고 내비게이션만 따라가면 된다. Life Alignment, 즉 인생 정렬이 제대로 되어 있으면 결국에는 목적지로 가게 된다.

"경로를 이탈하였습니다. 새로운 경로로 안내합니다."

잘못된 길로 가도 괜찮다. 내비게이션은 자동으로 새로운 길을 안내한다. 그것이 종이 한 장의 위대한 힘이다. 꿈과 목표를 쓴 종이 한 장 말이다.

'이거라도 해보자.'

지금 당신의 인생에서 '이것'은 무엇인가. 내 인생의 '이것'은 종이 위에 꿈과 목표를 쓰는 것이었다. '이것'을 함으로써 지금 당장의 삶이 바뀌지는 않는다. 그러나 '이것'이 5년 후, 10년 후의 내 삶을 바꾼다.

내 삶을 바꾸기 위한 '이것'.
오늘부터 시작해보자.

알람 5개를 맞춘다는 것

알람 5개를 맞춘다고
새벽에 벌떡 일어나던가.

아침형 인간을 꿈꾸고 새벽 5시에 알람을 맞춘다. 새벽이 되고 첫 번째 알람이 울린다. 알람이 들리지도 않는다. 두 번째 알람이 울린다. 여전히 듣지 못 한다. 세 번째, 네 번째 알람이 울려도 마찬가지다. 다섯 번째 알람이 울려서야 겨우 의식이 든다. 알람을 들었지만 다시 잠에 빠진다. 결국 출근시간이 다가와서야 일어난다. 당장 일어나지 않으면 회사에 지각하기 때문이다. 마지노선이다.

정말 신기한 일은 해외여행 갈 때다. 새벽같이 일어나 공항으로 간다. 알람은 하나면 충분하다. 여러 개 맞출 이유가 없다. 알람이 한 번만 울려도 벌떡 일어난다. 행동도 재빠르다. 알람 소리를 듣자마자 침대에서 몸이 일어나진다. 신기한 일이다. 평소에는 그렇게 어렵던 새벽 기상도 문제없다.

무엇이 달라진 걸까. 비행기를 놓치면 모든 일정이 허사가 된다. 렌트카, 호텔, 예약한 식당 등 손해 보는 것이 한두 가지가 아니다. 모든 것을 망쳐버린다. 잠들기 전에 다짐한다. 이런 끔찍한 일이 벌어지지 않도록 말이다. 무슨 일이 있더라도 5시에 일어날 것이라고 마음속으로 각인시킨다.

결국 마음의 문제다. 하늘이 두 쪽 나도 새벽에 일어날 것을 다짐했기에 일어날 수 있다. 강인한 마음을 먹었기 때문이다.

반면 평소에는 의지가 느슨해진다.

'너무 피곤한데? 조금만 더 잘까?'

'내일부터 일찍 일어나야지.'

스스로 타협을 한다. 대단한 협상가다. 이 정도 실력이면 위기에 처한 인질들을 구하고 인질범들을 재빨리 제압할 실력이다. 나 자신과는 타협하기 너무 쉽다. 쉽게 타협하고 쉽게 다음을 기약한다. 다음에도 다음을 약속한다.

"나는 오늘부터 과자를 먹지 않겠어!"

"네가? 되겠어? 며칠이나 하나 보자!"

"한 번 해보는 거지."

"내기할래? 오만 원! 어때?"

"뭐? 오만 원?"

"거봐. 자신 없지?"

"오만 원은 너무 비싼데…."

말의 힘이 점점 약해진다. 결심은 했지만 막상 실천할 생각을 하니 막막하다.

페이스북에서 100일 동안 매일 1장의 그림을 그리는 이벤트에 참여한 적이 있다. 참가비는 10만 원이다. 100일 동안 매일 1장씩 그림을 그리면 10만 원 전부를 돌려준다. 반면 단 하루라도 그림을 그리지 않으면 10만 원은 몽땅 사라진다. 어딘가에 기부하게 되어 있다.

방법은 간단하다. 매일 한 가지 주제에 대하여 한 가지 그림을 그리면 된다. 형식은 자유다. 나는 스케치용 펜과 음영을 넣을 수 있는 펜 하나로만 그림을 그렸다. 100일 동안 매일 색칠할 자신이 없었기에 포기하지 않고 끝까지 할 수 있는 방법을 택했다. 대신 재미있는 아이디어를 동원했다.

가령 가로등을 펜처럼 그린다. 이 그림에 의미를 부여한다.

'가로등이 밤길을 밝히듯, 펜으로 세상을 아름답게 만들 수 있습니다.'

음료 잔의 손잡이 부분을 귀 모양으로 그린다. 이 그림에도 의미를 부여한다.

'카페에서 커피를 마시는 이유는 다른 사람의 이야기를 잘 듣기 위해서입니다.'

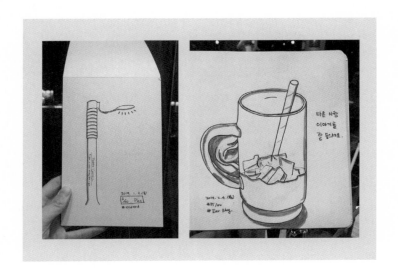

처음 10일은 별 것 아닌 것처럼 쉬웠다. 재미도 있었다. 한 달이 지나자 점점 위기가 찾아온다.

'이렇게 그려서 달라질 것이 있을까.'

'오늘 하루만 쉬어볼까.'

그러면 번쩍 생각이 든다. 이미 10만 원을 냈기 때문이다. 단 하루 때문에 소중한 내 돈 10만 원을 잃는다고 생각하니 아쉬움이 진하게 남는다. 자정이 지나면 10만 원이 없어진다. 이 생각 때문에 억지로 펜을 들고 책상에 앉는다. 때로는 늦게 까지 일하고 집에 들어오는 날도 있다. 특히나 회식 뒤에 집에 오면 씻는 것조차 귀찮다. 그럼에도 펜을 들었고, 100일 동안 단 하루도 빠지지 않고 그림을 그렸다.

　이런 강한 의지는 어디서 오는가. 귀찮기도 하고 제법 많은 시간이 걸리는 일이다. 그림 한 장 더 그린다고 해서 인생이 바뀌는 일도 아니다. 그럼에도 행동으로 옮기는 이유가 있다.

　세상에서 가장 쉬운 약속은 나 자신과 하는 약속이다. 약속을 어겨도 그 어떤 페널티가 부과되지 않는다. 세상 누구도 나를 비난하지 않는다. 때문에 스스로와의 약속은 쉽게 어긴다. 반면 다른 사람들과 한 약속은 어기면 어떤 문제가 생긴다. 나로 인해 피해를 보는 사람이 생긴다. 거래처와 중요한 약속을 앞두고 약속 시간에 늦는다고 생각해보자. 끔찍한 일이다. 따라서 타인과 한 약속은 어떻게 해서라도 약속을 지키려는 의지가 생겨난다. 마찬가지로 돈을 걸었다는 것은 약속을 지키려는 최소한의 의지를 보인 셈이다.

　휴대폰에 알람 여러 개가 맞춰져 있다는 것은 한 번의 알람으로는 부족하다는 의미일 것이다. 약속의 힘이 굉장히 약하다는 것이다. 나 스스로와 한 약속이기 때문이다. 의지가 약하면 100개의 알람도 별 의미가 없다. 의지가 강한 사람은 단 1개의 알람으로도 잠에서 벌떡 일어난다.

　나 또한 의지가 그리 강한 사람은 아니다. 스스로를 너무 잘 알고 있다. 대단한 의지력을 가진 사람들이 여전히 존경스럽다. 지극히 평범한 내가 사용하는 방법이 있다. 바로 '공언의 힘'이다. 정말 달성하고 싶은 목표가 있으면 다른 사람들에게 이야기를 한다. 더불어 얼마의 금액을 건다.

'만약 제가 과자를 먹는 모습을 보신다면 제가 1만 원을 드리겠습니다.'

'만약 제가 인스턴트 음식을 먹는다면 2만 원치의 떡볶이를 사겠습니다.'

흔히 내가 쓰는 방법이다. 돈을 들이지 않고 하는 방법도 있다. SNS에 자신의 목표를 올리면 된다. 그리고 그 결과를 인증한다. 수많은 사람들이 나의 일상을 보고 있기 때문에 의지가 생겨난다.

나와의 약속을 지키는 것이 가장 중요한데 너무나 쉽게 그 약속이 무너진다. 이럴 때 쓰는 좋은 방법이 있다. 다른 사람의 도움을 받는 것이다. 돈을 걸거나, SNS에 선언하고 그 결과를 인증해보라. 나의 꿈과 목표를 위해 당신의 도움이 필요하다고 소리쳐 보라. 생각보다 많은 사람들이 나의 꿈과 목표를 응원해줄 것이다.

알람 5개를 맞춘다고 새벽에 벌떡 일어나던가.
세상에 나의 꿈과 목표를 말하라.
그리고 행동으로 옮기자.

새로운 인생 준비하기

　내 꿈은 미국에서 유명한 레스토랑의 요리사가 되는 것이었다. 18살 때부터 쭉 간직해온 꿈이었다. 이 꿈을 이루기 위해 뒤늦게 공부를 시작했다. 중학교 3학년부터 담배를 폈고 친구들과 술을 마셨다. 고등학교에 진학해서도 삶의 태도는 크게 달라진 게 없었다. 생각 없이 오늘을 즐겼고 낙관적인 미래를 꿈꾸던 철부지였다. 서울에 있는 대학 정도는 당연히 갈 수 있을 것이라 생각했다. 고3이 되어서야 현실 점검이 되었다. 지금 성적으로는 지방에 있는 국립대학교조차 갈 수 없다는 것을 깨달았다. 그때부터 공부를 시작했다. 남들은 공부한 것을 정리할 시기에 처음으로 공부를 시작했다.

　잘 될 리 없었다. 꿈꾸던 학교가 있었다. 우리나라에서 가장 좋은 학교에서 배우고 싶었다. 그곳이 바로 경희대학교 조리과학과였다. 당시의 성적으로는 어림도 없는 학교였다. 지방의 어느 사립대조차 갈 수 없는 성적으로 서울에 간다는 것은 애당초 말도 안 되는 일이었다.

재수를 하고, 그것도 모자라 삼수를 했다. 재수하면 될 줄 알았지만 어림도 없었다. 삼수를 할 때는 목숨을 걸고 공부했다. 악착같이 책상에 앉아 있었다. 나중에는 허리가 너무 아파 앉아 있기 힘든 지경까지 갔다. 초조함이 이루 말할 수 없었다. 그때 배운 것이 명상이었고 더불어 운동을 시작했다. 삼수를 할 때는 단 한 번도 점수가 떨어져 본 적이 없었다. 한 달에 한 번씩 있는 모의고사를 칠 때마다 점수가 올랐다. 심지어 수능에서는 그동안 보았던 그 어떤 모의고사 점수보다 더 높은 점수를 받았다.

꿈에 그리던 학교가 눈앞에 와 있었다. 충분한 점수였다. 원서를 쓰기만 하면 된다. 그러나 또 다른 벽이 있었다. 바로 돈이었다. 돈이 있어야 등록금을 낼 수 있다. 서울에서 생활할 수 있는 원룸을 마련할 수 있다. 문제는 돈이 없었다. 생활비는커녕 등록금조차 없었다.

좌절감은 엄청났다. 손에 쥔 솜사탕을 떨어트린 아이의 마음과는 비교도 할 수 없었다. 공부를 하고 싶어도 할 수 없는 현실을 마주해야 했다. 남들 다 가는 대학, 나는 왜 갈 수 없는지 묻고 싶었다. 돈이 없으면 공부도 할 수 없는 세상이 원망스러웠다.

어쩔 수 없이 가야 했던 곳이 대구교대였다. 선생님이 되고 싶은 마음은 손톱만큼도 없었다. 교실 앞쪽에 서서 초등학생을 가르쳐야 한다는 현실을 받아들일 수 없었다. 아기라면 어찌할 줄도 모르고,

어린 아이는 그보다 더 싫어했다. 사명감은 전혀 없었다. 그러나 현실을 받아들여야 했다.

불행 중 다행인가. 교대는 내게 최고의 대학이었다. 과외 전단지를 붙이면 얼마 있지 않아 바로 과외 자리가 생겨났다. 적게는 30만 원에서 많게는 60만 원까지 과외비를 받았다. 한 달에 과외 3~4개를 하면 한 달 생활비를 모두 충당하고도 남았다. 등록금도 마련할 수 있었다. 취미 생활을 즐길 만한 돈도 생겼다.

3학년까지는 재미있게 학교를 다녔다. 시간만 나면 테니스를 쳤고, 일주일에 한두 번은 산으로 자전거를 타러 다녔다. 틈틈이 헬스장에서 운동도 했다. 가끔 연애도 즐겼다. 다만 그리 오래가지는 못했다. 과외와 운동으로 연애할 시간이 별로 없었다. 우선순위에서 뒤로 밀렸다. 때문에 번번이 연애에 실패했다.

4학년이 되어서 임용공부를 시작했다. 남들 다 하기에 나 또한 별 고민 없이 임용고시를 준비했다. 임용고시는 단순 암기시험이다. 큰 의미도 없어 보이는 것들을 무조건 외워야 한다. 책을 처음부터 끝까지 외워야했다. 남들은 잘만 하는데 나만 못하는 것 같았다. 암기를 너무 싫어했다.

일 년간 준비한 시험에 떨어졌다. 시험공부를 할 때는 고시생이라도 되었지만, 시험에 떨어진 후에는 백수로 전락해버렸다. 다음 시험까지 다시 1년을 준비해야 했다. 이 지긋지긋한 암기를 또 해야 한다는 좌절감이 따랐다. 공부는 둘째 치고 당장 먹고 살아야 할 생활비가 없었다. 시험 막바지에 이르러 과외도 그만두었기 때문이었다.

그렇게 간 곳이 공군이었다. 군대도 해결하고 돈도 벌 수 있었기 때문이다. 장교로 임관하여 자대에 배치를 받고 다시 임용고시 공부를 해보았다. 인터넷 강의도 신청하여 들었다. 퇴근하고 도서관에 갔다. 주말에도 도서관에 가보았다. 그런데 여전히 암기는 하기 싫었다. 능력도 안 되었다. 무조건적인 암기에는 정말이지 너무나 재능이 없었다. 군대에 와서 다시 한 번 임용고시를 쳤다. 당연히 떨어졌다. 다음해에 한 번 더 도전했다. 역시나 또 떨어졌다. 공부도 하지 않고 시험을 쳤으니 붙는 것이 오히려 이상했다.

생계를 위해 선택을 해야 했다. 이대로 전역을 하고 사회에 나가면 백수였다. 할 것이 없었다. 군대에 남기로 했다. 물론 군인으로 오래 생활하고 싶은 생각은 없었다. 그래서 2년을 연장했다. 대위로 전역할 수도 있었고 2년 사이에 새로운 미래를 준비할 수 있을 것 같았다.

2년은 금세 지나갔다. 여전히 준비된 미래가 없었다. 임용고시 공부를 한 것도 아니고, 취업 전선에 뛰어들어 대기업에 취직하기도 애매했다. 외국어나 컴퓨터를 잘 하는 것도 아니었고, 자기소개서를 쓰기 위해 스펙을 쌓아 놓은 것 하나 없었다. 조금이나마 위로가 되는 것은 군대에서 일을 잘했다. 좋은 사람들도 많이 만났다.

덕분에 성장할 수 있는 계기가 되었다. 그래서 선택한 것이 장기복무였다. 직업으로써 군인을 하게 된 것이다. 벌써 10년차 군인이다.

이제는 정말 나 스스로를 위한 새로운 도전을 하고자 한다. 내가 정말 하고 싶은 것을 하고, 살아보고 싶은 삶을 살아보겠다는 꿈이 있다. 이 꿈을 위해 군대에서 나갈 준비를 해왔다. 무려 10년이나 걸렸다. 이혼 가정에서 가난하게 자란 열등감을 벗어던졌다. 스스로 어떻게 살아가고 어떤 사람이 되어야 하는지 자아도 찾았다. 내 삶을 가꾸고 행복한 인생을 살기 위한 방법도 배웠다. 공군에서 보낸 시간 때문에 가능했다.

군대에서 내게 세 가지 선물을 주었다. 첫째는 경제적 안정이다. 단 한 번도 월급날을 어긴 적이 없었다. 매 월 10일이면 어김없이 월급이 들어왔다. 그리 큰돈은 아니지만 그렇다고 아주 적은 돈도 아니었다. 거의 평생을 돈 때문에 걱정을 하고 살았던 나이기에 경제적 안정은 그 무엇보다 큰 선물이었다.

둘째는 시간이다. 스스로 자립할 수 있는 시간을 주었다. 일단 장기복무로 선발되면 45세까지는 생계에 대한 걱정을 하지 않아도 된다. 또한 일과 중에 치열하게 일을 하면 퇴근 후에는 나를 위해 공부할 시간이 생겼다. 덕분에 제법 많은 책을 읽었다. 때로는 전문가의 강연에도 참석했다. 나를 업그레이드 할 수 있는 충분한 시간을 선물로 받은 것이다.

셋째는 좋은 사람들을 만나게 해주었다. 공군에 학사장교로 들어오는 사람들 중에 똑똑한 사람들이 많았다. 해외에서 학교를 졸업한 친구도 있었고, 이른 나이에 자영업을 하며 사업을 해본 사람도 있었다. 선배들 중에서도 보고 배울 점이 많은 분들이 곳곳에 있었다. 그 덕분에 책도 읽고 바인더를 배울 수 있었다. 부동산에 투자하는 선배를 보며 부동산 공부를 하게 되었고, 부자 되는 방법을 알려주는 선배 때문에 부자들의 투자 방법에 관심을 가지게 되었다. 사람이 선물이었다.

이제는 문턱을 넘을 때가 된 것 같다. 공군에서 내게 준 10년의 선물 덕분이다. 편안한 직장을 그만둔다는 것은 지금보다 더 좋은 기회가 있기 때문이다. 이후의 삶이 설레고 기대된다. 내게 또 얼마나 큰 축복이 주어질지 감사한 마음뿐이다. 이 곳, 공군에서 보낸 지난 10년에 감사하다.

4장

성공의
핵심열쇠

출근 준비는 항상 분주하다.

아침에는 왜 그리 할 것이 많은지 모르겠다.

신기한 일이다.

씻고, 가볍게 아침을 먹고, 가방을 챙기기만 해도 바쁘다.

정신없이 문을 나서고 차 앞에 섰다.

문이 열리지 않는다. 아뿔싸.

아내의 자동차 키를 가져온 것이다.

차의 시동을 켜려면

그에 맞는 열쇠가 필요하다.

우리 인생도 마찬가지 아닐까.

성공으로 가는 열쇠는 분명히 있다.

내 인생에 꼭 맞는 열쇠가 있을 것이다.

문제는 그 열쇠가 어디에 있는지 나만 모를 뿐이다.

나만이 잘할 수 있는 것 찾기

대학교 4년 내내 자전거로 통학했다. 버스로 가나 자전거로 가나 걸리는 시간이 비슷했다. 점점 체력이 좋아지면서 나중에는 버스보다 더 빨리 학교에 도착했다. 샤워를 해도 버스를 타는 것과 비슷한 시간에 강의실로 갈 수 있었다. 더불어 버스비도 절약할 수 있다.

테니스를 함께 치던 친구가 어느 날 빨간 자전거를 타고 왔다. 언뜻 봐도 굉장히 고급스러운 자전거였다. 얼마냐고 물었다. 무려 200만 원이 넘었다. 무슨 자전거가 이렇게 비싸냐고 따지듯 물었다. 산악자전거라고 했다. 산에서 타는 자전거. 산을 걸어서 올라가기도 힘든데 굳이 자전거를 타고 올라가는 이유를 물었다.

"그 맛은 타본 사람만 아는데…."

친구는 말끝을 흐렸다. '산악자전거도 타보지 않는 너는 모르지?' 라는 말투였다. 산악자전거를 사겠다고 결심한 순간이었다.

그때부터 몇 달에 걸쳐 과외비를 모았다. 산악자전거를 사려면 제법 많은 돈이 필요하다. 우선 자전거를 사야 한다. 자전거도 몇 십만 원부터 몇 백만 원까지 다양하다. 나중에 알게 된 사실이지만 자전거 못지않게 비싼 것이 장비였다. 헬멧, 고글, 신발, 가방, 장갑, 의류. 의류만 해도 봄, 여름, 가을, 겨울옷이 따로 있어야 한다. 어찌어찌 돈을 모아 산악자전거와 자전거 용품을 샀다.

여름에서 가을로 넘어갈 무렵이었다. 친구가 속한 산악자전거 동호회에 가입했다. 처음 산에 오른 나를 위해 난이도가 쉬운 길로 갔다. 비포장 도로였지만 자동차도 다닐 수 있는 넓은 산길이었다. 오르막에서는 심장이 터질 것 같은 희열을, 내리막길에서는 짜릿한 스릴을 느낄 수 있었다.

그때부터 산악자전거를 꽤 오랫동안 탔다. 일주일에 한두 번은 꼭 산에 올랐다. 겨울에는 특별훈련도 했다. 매일 새벽 30km씩 자전거를 타며 체력을 길렀다. 참 열심히도 했다. 헉헉거리며 힘겹게 산을 올랐을 때의 성취감, 내리막을 쏜살같이 질주해 내려가는 기쁨은 이루 말할 수 없었다. 해보지 않은 사람은 느낄 수 없는 감동이 있다. 친구가 말했던 그 희열 말이다.

운동을 시작하면서 달라진 점이 있다. 바로 자신감이다. 나에 대한 자신감이 생겼다. 어린 시절부터 아버지 없는 부끄러움과 가난에 대한 설움으로 어디서든 자신감이 없었다. 거짓말도 많이 했다. 빈 깡통이 요란하지 않은가. 가진 척을 해야 했다. 거짓말을 하면 할수록 자존감은 낮아졌다. 그럼에도 사실대로 말하는 것이 너무나 어려웠다. 큰 용기를 내야 했다. 그렇게 10년 이상을 살아왔다. 나의 자존감은 낮을 대로 낮아져 있었다.

주변 친구들 중에 축구는 많이 해도 테니스를 치는 사람은 잘 없었다. 게다가 발재간이 없는 나는 축구를 하면 할수록 자존감이 낮아지는데 반해, 테니스는 재미도 있고 제법 공을 넘길 수 있게 되자 자신감도 생겼다. 남들이 못 하는 것을 내가 할 수 있게 되었기 때문이다.

산악자전거도 마찬가지다. 남들은 섣불리 도전할 수 없는 것에 용기를 내고 행동으로 옮겼다. 큰 비용을 들여 자전거를 사는 것도 어려웠고, 걸어서 올라가기 힘든 산을 자전거를 타고 올라가는 것도 힘들었다. 나무와 바위 사이를 헤집고 내리막길을 질주하는 것도 보통의 용기로 하기 힘든 일이다. 몸에 꼭 달라붙는 유니폼을 입고 자전거를 타고 있노라면 남들과 다른 나의 모습에 어깨가 하늘 높이 솟구쳤다.

'너는 왜 그렇게 공부를 못 해?'

'너는 왜 그렇게 축구를 못 해?'

대학교에 들어가서 나도 잘할 수 있는 운동을 발견했다. 테니스와 산악자전거였다. 남들은 하지 않는 종목이었기에 조금만 노력하면 남들보다 잘 할 수 있었다. 게다가 재미도 있었다. 테니스와 자전거에 푹 빠져서 지냈다. 테니스 코트에 있는 시간, 산에서 자전거를 타는 그 자체로 행복했다.

이처럼 나만이 잘할 수 있는 것을 찾으면 자신감과 자존감이 동시에 올라간다. 나도 무엇인가 잘해낼 수 있다는 자신감이 생긴다. 어떤 것을 하든지 지금과 같은 방법으로 하면 되겠다는 용기가 생겨난다. 동시에 나 스스로에 대한 믿음과 신뢰가 쌓인다. 나 스스로를 자랑스러워하게 된다. 자존감이 높아지는 것이다.

자존감이 생겼을 때 비로소 다른 사람을 인정할 수 있다. 타인의 장점을 있는 그대로 바라보고 칭찬해줄 수 있다. 그때부터 선순환이 일어난다.

'우와 대단하다.'

'너는 정말 멋져.'

'너처럼 운동 신경이 뛰어난 사람은 없을 거야.'

이렇게 말할 수 있는 사람은 스스로를 존중할 줄 아는 사람이다.

나를 사랑할 줄 알아야 다른 사람도 사랑할 수 있게 된다.

아주 작은 것이라도 나만이 잘할 수 있는 것을 찾아보자.

그것이 무엇이든 분명 스스로를 성장시켜 줄 것이다.

독립

남자들의 로망이 있다. 독립이다. 저마다 꿈꾸는 그림이 있다. 예쁘게 꾸민 집, 사랑하는 가족, 근사한 저녁식사, 음악이 잔잔하게 흘러나오는 집에서 맛있게 구운 스테이크와 와인 한 잔을 하는 모습. 상상만으로도 엉덩이가 들썩인다. 몇 번이나 꿈꿔왔던가.

학교 앞에서 자취하는 친구가 어쩜 그렇게도 부럽던지. 안동에서 고등학교를 마치고 대구로 이사 온 친구가 있었다. 같은 과의 한 학년 선배였다. 그는 재수를 했고, 나는 삼수를 했기에 나이는 동갑이었다. 그의 원룸에는 흔한 책상조차 없었다. 간단히 밥 먹을 수 있는 접이식 테이블 하나가 유일했다. 청소가 깨끗이 되어 있을 리도 없었다. 그렇지만 내심 부러웠다. 자신만의 보금자리가 있지 않은가.

고등학교를 졸업한 이후 어머니는 돈을 주지 않았다. 정확하게는 용돈으로 줄 돈이 넉넉하지 않아 주지 못 했다. 돈을 달라고 어리광을 부릴 형편도 아니었다. 떠밀리듯 경제적으로 독립을 해야 했다.

등록금도, 용돈도, 자기계발 할 돈 모두 스스로 해결해야 했다.

모순은 여기서 생겼다. 친구의 독립은 부러웠다. 혼자 살아가는 삶을 동경했다. 굉장히 멋진 집은 아니었지만 그만의 공간이 멋져 보였다. 그의 독립을 부러워했지만 나의 경제적 독립은 자랑스러워하지 않았다. 달갑지 않았다. 비교를 했다. 편히 학교를 다니는 친구들이 부러웠다. 부모님께 용돈을 받고, 해외여행도 다니는 그들을 볼 때마다 배가 아파왔다.

8살의 아이가 길을 가고 있었다. 나무가 울창하게 우거진 산속 비탈길이었다. 햇빛이 살을 파고드는 한여름이지만 그 길은 서늘했다. 빽빽하게 들어찬 나무들이 진한 그림자 터널을 만들었다. 몇백 년을 살았는지 나무의 겉면은 노인의 얼굴처럼 주름이 깊다. 겹겹이 겹쳐진 나뭇잎은 푸르다 못 해 검정색에 가까웠다. 주름은 나무에만 있는 것은 아니었다. 길에도 온통 깊은 주름이 새겨져 있다. 미끄럼 방지용이다. 자동차가 겨우 오르내릴 수 있는 험로이다. 겨울에는 차가 옴짝달싹할 엄두도 못 낼 정도다.

학교로 가려면 이 길을 내려가야만 했다. 가파른 내리막길을 한참을 내려가야 버스가 다니는 도로가 나온다. 통학버스를 놓치면 족히 1시간 이상을 걸어야 학교에 갈 수 있다. 쌩쌩 달리는 도로 옆을 끝없이 걸어야 한다. 발걸음을 재촉했다. 버스를 놓치는 일은 없어야 한다. 아침 등굣길은 통학버스 시간을 맞추는 속도전이다.

산 아래로 내려가는 길은 말도 못 하게 가파르다. 이 길에서 한 번 뛰면 속도를 주체하지 못 한다. 잘 멈춰야 한다. 다다다닥 잔발을 뛰어보았지만 소용없다. 두 다리는 이미 내 것이 아니다. 저절로 움직인다. 어찌할 바를 모르는 순간, 비탈을 굴렀다. 느낌이 좋지 않다. 몸을 추스르고 일어났다. 다행히 아픈 곳은 없었다. 무릎에서 무엇인가 흐르는 느낌이 들었다. 비도 오지 않는 화창한 날에 무엇인가 흘러내렸다. 반바지 아래로 노출된 무릎은 무방비 상태였다. 수도꼭지를 틀어놓은 듯 검붉은 피가 흘러내렸다.

무릎에서 타고 내린 피는 양말을 빨갛게 물들였다. 피를 닦아낼 휴지라고는 없었다. 반바지를 아래로 내렸다. 반쯤 벗은 반바지로 피를 닦아냈다. 시간이 없다. 버스가 곧 도착할 것이다. 다시 몸을 추스르고 길을 내려갔다. 얼른 가야 한다. 다리에서 다시 피가 흘렀다. 어쩔 수 없다. 버스에 타야 한다. 눈물도 나오지 않는다. 그럴 여유도 없다. 그저 버스를 타야겠다는 일념 하나로 달렸다.

지금도 왼쪽 무릎에 큰 흉터가 남아있다. 의지할 곳 없던 아이의 상처다. 아프지만 누구에게도 말할 수 없었던 상처다. 아버지와 어머니가 이혼을 하고 나는 할머니 집에 맡겨졌다. 아버지는 나를 할머니 집에 두고 어디론가 가버렸다. 언제 온다는 약속도 남기지 않았다. 하루 이틀 있어야 될 곳이었다. 그렇게 생각했다. 할머니집은 명절 때만 잠깐 머무는 곳이었다. 당연히 얼마 지나지 않아 아버지가 데리러 온다고 생각했다. 결국 아버지는 1년이 지나 불쑥 나타났다.

무릎이 깨져도 울거나 어리광 부릴 사람이 없었다. 그저 혼자 감내해야 할 일이었다. 상처와 아픔은 덤덤히 묻었다. 묻는 수밖에 방법이 없었다. 다른 선택지가 없었다. 이것이 습관이 되어 지금도 힘든 일은 다른 사람에게 이야기하지 않는다. 혼자 이겨낸다. 좌절과 슬픔은 이겨내면 된다. 넘어져도 좌절하지 않는다. 피를 닦아내고 다시 뛰면 된다. 지금의 도전 정신은 8살 경남 하동의 흑룡초등학교를 다닐 때부터 시작되었다.

지금에 와서 생각해보니 어린 시절에 겪은 일은 독립의 자산이 되었다. 정신적 독립을 일찍이 준비할 수 있었다. 그렇다고 나의 자녀들에게 이와 비슷한 경험을 일부러 줄 필요는 없다. 나의 경험을 긍정적인 측면에서 해석하자면 자산이 되었다는 이야기다. 어차피 벌어진 일이고 어린 나로서는 어떻게 해볼 방법이 없었다. 쓰나미처럼 닥쳐온 일이었다. 해변에서 모래장난을 하고 있는데 감당할 수 없는 속도로 큰 파도가 몰아친 것이다. 그럼에도 꿋꿋하게 잘 살아남았다.

완전한 독립은 대학을 졸업하고야 이루어냈다. 대학 졸업 후 군대에 가기 전 수원에서 일을 했다. 기간제 교사로 초등학교 담임을 하고 있을 때다. 수원은 기간제 교사 면접을 볼 때 처음 방문했다.

연고가 전혀 없는 도시였다. 다행히 학교 근처에 괜찮은 집을 구했다. 저렴한 가격에 짧은 기간 동안 살 수 있는 집이었다. 게다가 방도 두 개나 있었으니 혼자 살기에는 넉넉했다.

이삿날, 대형마트에 갔다. 이불을 골랐다. 여름에 접어들었지만 추위를 많이 탔기에 솜이 적당히 들어 있는 이불을 택했다. 주방용품도 이것저것 담았다. 도마와 칼, 집게, 수저, 접시까지 꼭 마음에 드는 물건을 카트에 담았다. 욕실용품도 잔뜩 담았다. 샴푸, 비누, 손세정제, 슬리퍼, 세탁세제 까지. 26살에 처음 이뤄낸 독립이었다.

이제 내 삶에서 이룰 마지막 독립이 남았다. 진정한 독립은 자유를 쟁취하는 것이다. 자유는 독립의 종착지다. 경제적, 정신적, 시간적 독립을 이뤄냈을 때 진정한 자유를 누릴 수 있다. 지금의 나는 비싼 음식을 보면 주문하기를 주저한다. 직장에도 구속되어 있다. 여행을 가려면 아끼고 아끼던 휴가를 써야 하고 직장 상사의 눈치도 살펴야 한다. 쉬고 싶을 때 마음껏 쉴 수도 없다.

친구의 자취방 독립을 부러워하면서도 경제적으로 부모님께 의존하고 싶은 욕구가 있었다. 지금도 금수저를 물고 세상에 태어난 사람들을 보면 부러운 마음이 생긴다. 허나 나는 성장하는 사람이다. 완전한 자유를 얻음으로써 생기는 진정한 독립을 이루어내고 말 것이다. 경제적, 정신적, 시간적으로 어디에 구속됨 없이 완전한 주체성을 가진 삶을 만들어갈 것이다.

섬김

　서울에서 대구로 돌아오는 길이었다. 토요일 저녁이라 기차표 구하기가 수월하지 않았다. 보이는 것마다 매진이다. 유독 한 기차만은 자리가 남아 있었다. 수원을 경유하는 KTX였다. 그 덕분에 50분이나 둘러 간다. 2시간 30분이나 걸린다. 사전에 기차를 예매하지 않았으니 어쩔 수 없는 선택이었다.

　새벽부터 서울행 기차에 올랐고 여러 일정을 마치고 대구로 내려가는 길이었다. 피곤이 몰려왔다. 단잠을 자려고 노력했다. 좌석이 불편해서 그런지 잠드는 것이 쉽지 않았다. 평소 같으면 책을 폈을 텐데 피곤했기에 영화를 검색했다. 우연찮게 눈에 띈 포스터가 있었다. 넷플릭스(Netflix)에서 개봉한 《6 언더그라운드》라는 영화다. 마이클 베이 감독이 만들었다. 《트랜스포머》, 《진주만》, 《아마겟돈》을 만든 사람이다. 액션영화를 좋아하는 사람들에게는 유명한 감독이다.

　영화는 초반부터 강렬했다. 때리고 부수고 총 쏘는 장면이 끊임없이 쏟아졌다. 눈을 깜빡이는 것조차 아까울 정도였다. 단 한순간도 놓치고 싶지 않았다. 영화에 온전히 몰입했다. 벌써 대전역이다. 대전에서 대구는 금세 도착한다. 1시간도 걸리지 않는다.

영화가 끝나갈 무렵 기차는 동대구역에 도착했다. 2시간 30분이 어떻게 흘렀는지 몰랐다. 서울에서 대구로 내려오는 길이 전혀 지루하지 않았다. 이런 영화를 볼 수 있는 기회가 있었음에 감사했다.

나보다 액션영화를 더 좋아하는 친구가 있다. "액션영화 추천해 줄래?" 하면 대사를 외운 것처럼 줄줄 말할 수 있는 친구다. 친구에게 《6 언더그라운드》이야기를 해주었다. 정말 재미있는 영화가 있다고. 너도 좋아할 것이라고 말해주었다.

영화《기생충》을 보고도 주변 사람들에게 이야기했다. 살면서 꼭 봐야할 영화가 있는데, 그 중에 손꼽을 만한 영화라고 자랑했다. 대구 팔공산 자락에 《홍차가게 안단테》라는 카페가 있다. 홍차는 물론 손수 만든 케이크가 너무나 맛있는 곳이다. 직접 콩을 볶아 핸드드립으로 내린 커피도 놀라울 정도로 맛있다. 그 마음 아는가. 정말 아끼는 곳은 나만 알았으면 한다. 반면 이렇게 좋은 카페에 손님이 없으면 가게가 없어질 수 있으니 많은 사람들이 찾았으면 하는 바람도 있다. 대구에 귀한 손님이 올 때면 꼭 모시고 간다. 그리고 자랑한다.

좋은 것을 경험했을 때 자랑하는 것은 사람의 본능이다.

"여기 가봤는데 너무 좋더라. 너도 가봐."

"여기 가봤는데 정말 맛있더라. 너도 꼭 가봐."

"이 책 읽었는데 내 삶을 바꾸어 주었어. 너도 꼭 읽어봐."

칭찬도 아끼지 않는다. 배달 애플리케이션의 맛 집에는 몇 백 개의 리뷰들이 달려 있다.

"사장님 너무 맛있었어요. 다음에 또 시킬게요."

"여기 레알 맛집임. 가성비 최고. 서비스로 주신 치즈볼도 너무 맛있어요."

맛집은 스스로 탄생하지 않는다. 맛있는 음식을 먹고 나오면 친구를 데리고 또 가게 되어 있다. 친구는 또 다른 친구를 불러 찾아간다. 누군가는 SNS에 올리고 블로그에 자랑한다. 심지어 영상을 찍어 유튜브에 올려놓는다. 맛집은 이처럼 누군가의 자랑과 칭찬으로 탄생한다.

명품도 마찬가지다. 사람이 아무도 없는 무인도에서 명품 가방을 들고 다녀봐야 에코백보다 못하다. 반면 근사한 파티에 품위 있는 가방과 함께라면 너나없이 덕담 한 마디씩 보탠다. 명품도 누군가가 알아줘야 명품인 것이다.

사람은 어떤가. 스스로 '나 잘났어!' 하는 사람은 빛을 발하기는커녕 몰매 맞기 딱 좋다. 명품인 사람은 가까운 가족은 물론 세상 사람들이 모두 인정하는 사람이다.

"아빠는 제가 세상에서 가장 존경하는 사람이에요."

"당신은 어쩜 그렇게 멋있을까요. 당신의 모든 것을 사랑해요."

"사장님은 우리가 소중하다고 느끼게끔 해주시는 분이에요. 고맙습니다."

섬김의 다른 말은 봉사이다. 봉사한다는 것은 단어 그 자체로는 굉장히 부담되는 일처럼 보인다. 나의 돈과 시간을 남을 위해 사용해야 할 것만 같다. 평범한 내가 할 수 없는 것처럼 느껴진다. 그런데 봉사의 근본을 따져보면 그리 어려운 일도 아니다. 봉사하는 목적은 다른 누군가의 편의를 제공하기 위한 것이다. 다른 사람의 돈과 시간을 대신해서 아껴주는 것도 봉사지만 마음을 편안하게 해주고 기분을 좋게 해주는 것도 일종의 봉사이자 섬김이다.

세상에서 가장 쉬운 섬김은 칭찬이다. 칭찬은 다른 사람을 빛나게 한다. 다른 사람의 장점을 칭찬하면 모두의 기분이 좋아진다. 친구의 장점을 또 다른 친구에게 자랑하면 네트워크가 확장된다. 나로 인해 서로 모르고 있던 사람들이 지인이 되고 서로에게 선한 영향력을 발휘할 수 있다.

후배 중에 '용감한 시민 상'을 받은 임창현 중위가 있다. 하루는 후배가 찾아와서 말했다.

"선배님, 저 지난 주말에 여자 화장실에 몰래 들어간 사람을 잡았어요."

"뭐? 어떻게 된 일이야?"

"여자 화장실에서 비명이 들렸는데, 어떤 남자가 거기서 뛰어나왔어요."

"그래서 어떻게 잡았어?"

"500미터를 뒤쫓아 잡았어요. 그리고 경찰에 넘겼습니다."

이런 훌륭한 후배의 이야기를 듣고 가만히 있을 수 없어 주변에 이야기를 했다. 그 이야기가 소문이 나서 뉴스에도 나오게 되었다. 미담을 여기저기 자랑하고 칭찬했더니 '용감한 시민상'을 받은 후배가 생겼다.

칭찬은 최고의 섬김이자 나눔이다. 나누면 손해라고 생각하지만 장기적 관점에서는 오히려 곱절의 이득이다. 나눔이 돌고 돌아 눈덩이처럼 불어나 내게 돌아오기 때문이다. 섬김은 결국 자신을 빛나게 하는 최고의 방법이다. 섬김이라고 하면 대단한 무엇이 아니라 일상 속에서 충분히 실천할 수 있는 것이다. 칭찬하는 일부터 시작하면 된다.

공부는 도서관에서만 하던가

스승은 어디든지 있다.
책이든 인터넷이든.

오죽하면 삼수를 했겠나. 공부와는 인연이 없었다. 놀기 좋아하고 게임하기 좋아하는 평범한 학생이었다. 그런 사람이 책을 읽기 시작했다. 본격적으로 책을 손에 든 것은 군대에 입대한 뒤였다. 임용고시에 떨어지고 썰물에 휩쓸리듯 군대에 왔다. 장교로 왔지만 막 들어온 이병보다 못 한 처지였다. 그들은 돌아갈 학교가 있었다. 전역하면 다시 학교로 가고 직장을 구하면 된다는 희망이 있다. 반면 나는 갈 곳이 없었다. 임용고시를 공부할 생각은 없었고 그렇다고 취업을 할 처지도 아니었다. 교대를 졸업한 나를 어느 직장에서 뽑아주겠나 생각했다. 임용고시와 취업 모두에 자신이 없었다. 무엇을 해야 할지 몰랐다.

내게도 스승이 필요했다. 성공하는 방법, 부자가 되는 방법을 알려주는 스승이 필요했다. 군대에서 일 잘하는 법을 알려주는 선배도 드문 마당에 부자는 눈을 씻고 찾아봐도 없었다. 성공한 사람이 아닌 사람들이 건네는 조언은 들리지 않았다. 그들의 말대로라면 당사자들은 진즉에 성공했어야 했다. 지금이야 유튜브에서 사람들이 자신들의 경험담을 공유하는 시대다. 그러나 당시에는 성공한 사람의 이야기를 듣는 것은 하늘의 별 따기였다. 그런 내게 책은 유일한 희망이었다.

운이 좋았다. 천운으로 책을 가까이 하는 분을 만날 수 있었다. 그것도 매일, 바로 옆자리에서. 당시 중령이었던 그분은 나의 두 번째 부서장이었다. 책을 많이 읽었고 책 추천도 잘 해주었다. 영업을 했다면 이름 날렸을 법한 입담꾼이다. 펜 한 자루도 '좋다'에서 그치는 법이 없었다. 펜의 촉감과 그 쓰임새를 맛깔나게 설명했다. 그런 그가 추천하는 책은 묘한 매력을 풍겨왔다.

그는 여러 권의 책을 추천했다. 일부는 선물로도 주었다. 그 중에서도 기억나는 책 두 권이 있다. 첫째는 이지성 작가가 쓴 《리딩으로 리드하라》이다. 인문학 서적은 거들떠도 보지 않던 내게 인문학의 중요성을 알게 해준 책이다. 얼마 전 책장 정리를 하다가 이책 마지막 장에 내가 남겨 놓은 문구를 발견했다.

'처장님의 추천으로 읽기 시작한 책.

그의 추천대로 정말 읽기 잘 했다고 생각되는 책이다.

왜 인문고전 독서를 해야 되는지 잘 알려주고 있다.

나의 발전을 위해서, 주위 사람들에게 긍정과 영감을 주기 위해,

그리고 더 나은 세상을 만들어 나가기 위해.

Go for it! 2011. 11. 19.(토) 노경섭'

또 다른 책은 3P자기경영연구소 강규형 대표가 쓴《성공을 바인
딩하라》이다. 강규형 대표는 죽어가던 내 삶에 기름을 붓고 불을 붙
여준 은인이다. 그가 쓴《성공을 바인딩하라》때문이었다. 이 책은
흔한 자기계발서가 아니라 죽은 열정도 다시 살아나게 해주는 책
이다. 이 책 덕분에 바인더를 쓰고 꿈과 목표를 기록하기 시작했다.
평범한 사람이 어떻게 하면 성공하는 인생으로 살아 갈 수 있는지
배울 수 있었다. 지금은《성과를 지배하는 바인더의 힘》으로 개정
되었다. 바다 한가운데서 정처 없이 표류하는 삶을 사는 것 같다면
강력히 추천하는 책이다.

책은 멘토를 만날 수 있는 창구이다. 원하는 모든 사람을 만날
수 있다. 웬만큼 유명한 사람은 책을 한 권씩 다 썼다고 해도 과언
이 아니다. 심지어 지금은 생존해있지 않은 사람들조차 책으로 만
날 수 있다. 이름만 들어도 알 수 있는 성공한 사람들의 스승이라고
알려진 월러스 워틀스의《가르침》은 숨겨진 보물이다.《놓치고 싶
지 않은 나의 꿈 나의 인생》의 저자 나폴레온 힐은 물론,《시크릿》

의 저자인 론다 번, 데일 카네기도 월러스 워틀스의 책을 읽고 거대한 성공의 씨앗을 심었다. 저자는 부자가 되는 명쾌한 방법을 알려준다. '중력의 법칙'처럼 부자가 되는데도 과학적인 방법이 있다고 소개한다. 이 방법만 따른다면 세상사람 누구든 부자가 될 수 있다고 한다.

성공에도 과학적 방법이 있다는 것은 이 책이 아니었으면 평생 몰랐을 수도 있다. 아무도 내게 가르쳐준 적이 없기 때문이다. 알려고 노력하지도 않았다. 그런 방법이 있을지는 상상도 할 수 없는 영역이었다. 스승은 이 때문에 필요하다. 스스로 해결할 수 없는 문제에 실마리를 던져주는 사람이기 때문이다.

문제는 주변에서 스승을 찾기 힘들다는 것이다. 성공한 사람을 만나려면 성공의 자리로 가야 한다. 주식으로 부자가 되고 싶다고 가정하자. 많은 사람들이 실수를 범하는 것은 주변 사람들의 '카더라 통신'에 의지하여 투자를 한다는 것이다. 주변 사람들의 이야기에 귀가 얇아진다. 주식이 오르면 그나마 다행이지만 떨어지기라도 하면 세상 모든 것을 잃은 표정으로 한숨만 내쉰다. 사실 주식이 올라도 문제다. 교만에 빠지기 쉽다. 마치 신이라도 된 마냥 우쭐해한다. 그러다 주식이 급락하여 팔지도 못하고 어쩔 수 없이 주식을 보유하고 있는 사람을 보는 경우가 허다하다.

정말 신기한 것은 주식으로 세계 최고의 부자가 된 사람의 이야기는 듣지도 않는다는 것이다. 투자와 주식에 관한 책을 너무나도 많이 썼는데도 관심도 없다. 오직 지금 당장 일확천금을 올리는 데만 혈안이 되어 있다.

그림을 잘 그리려면 그림을 잘 그리는 사람에게 배워야 한다. 유치원 꼬마 아이에게 그림을 배우는 사람은 없다. 영어를 잘 하고 싶으면 영어를 잘 가르치는 사람에게 배워야 한다. 춤을 잘 추려면 춤을 잘 추는 선생님을 찾는다. 노래를 잘 하려면 노래를 잘 부르는 사람을 찾는다. 몸짱이 되고 싶으면 멋진 몸매를 유지하고 있는 헬스 트레이너를 찾는다. 다시 말해 해당 분야의 전문가를 찾아간다.

성공의 지름길은 성공한 사람에게 배우는 것이다. 노래, 춤, 운동을 배우려고 전문가를 찾아 학원으로 간다. 돈과 시간을 투자한다. 반면에 인생을 잘 살아 보려고 전문가를 찾는 것은 드물다. 그런 시도조차 잘 하지 않는다. 결혼 생활을 잘 하고 싶어서 전문가를 찾아가 배움을 청하는 사람을 잘 보지 못했다. 주변에 성공한 인생을 사는 사람이 없기 때문일지도 모른다.

그래서 책이 필요하다. 책에서는 모든 것을 다 찾을 수 있다. 기원전에 쓰인 성경부터 오늘에 이르기 까지 엄청난 양의 책이 쏟아져 나온다. 육아법, 요리법, 여행, 그림, 철학, 역사 등 마음만 먹으면 모든 것을 배울 수 있다. 성공의 방법, 투자의 방법은 이미 오래전에 나와 있다. 관심만 있으면 누구나 어디에서든지 배울 수 있다.

유튜브도 아주 좋은 방법이다. 어떤 분야든지 유튜브로 공부할 수 있다. 지하철에서, 집에서, 카페에서 바로바로 배울 수 있다. 세계 최고의 전문가들이 대기하고 있다. 게다가 시간 제약도 없다. 공간의 제약도 없다.

책과 유튜브를 동시에 활용하면 더 좋다. 저자가 책을 쓸 때는 깊은 생각을 가지고 쓴다. 그가 살아온 세월을 통해 깨달은 노하우를 책에 집어넣으려 한다. 깊이가 있다. 책을 읽으며 생각의 힘이 길러진다. 행간의 의미를 읽어낸다. 그 사이 두뇌가 활발히 움직인다. 아이디어도 샘솟는다. 순간순간 떠오르는 아이디어를 책에 메모한다. 그러면서 생각이 확장되고 깊어진다. 저자의 생생한 목소리는 유튜브를 통해 들을 수 있다. 책에는 담지 못 했던 말이나 사진, 영상을 볼 수 있다.

요즘에는 돈이 없어서, 시간이 없어서 공부를 못한다는 이야기는 모두 핑계일 뿐이다. 찾아보면 얼마든지 할 수 있는 방법이 있다. 얼마 전 영화로 영어를 배우는 강의에 등록하려고 했다. 1년 수강료가 40만 원이었다. 망설이던 찰나에 유튜브에서 비슷한 콘텐츠를 찾았다. 무려 40만 원을 절약할 수 있었다.

공부는 도서관에서만 하던가.

스승은 어디든지 있다. 책이든 인터넷이든.

생존을 위해 해야 하는 일

독서와 운동은 처음이 어렵다.
하다보면 습관처럼 편안해진다.

너무나 당연한 일을 너무나 당연하듯이 하지 않는 게 있다. 누구나 알면서도 쉽게 행하지 않는 일이다. 어느 순간 멈춘다. 학교를 졸업하는 순간 손에서 놓아버린다. 공부 이야기다. 특히 독서는 일급 경계 대상이다. 책 이야기만 나오면 모두 기겁을 한다.

"저는 책만 보면 졸려요."

"저는 고등학교 이후로 책을 읽어본 적이 없어요."

책이 그토록 두려운 대상이던가.

내게 독서는 생존이었다. 잘 살아 보고 싶은데 방법이 없었다. 어떻게 해야 잘 사는 것인지 알려주는 이 하나 없었다. 때때로 조언을 건네는 사람은 있었다. 자신이 아는 범위 내에서 최선을 다해 알려주었다. 문제는 그 범위가 자신의 능력 안에 있었다. 당연한 이야기다. 아는 것만 이야기해줄 수 있다. 그들도 성공한 인생이 아니었기에 내게 제대로 된 조언을 해줄 수 없었다. 스승을 주변에서 찾을 수 없었다. 닮고 싶은 사람이 없었다. 평범한 월급쟁이로 삶을 마치고 싶은 생각은 추호도 없었다.

그때 만난 것이 책이었다. 책에는 다 있었다. 그토록 찾아 헤매던 스승을 쉽게 만날 수 있다. 오히려 너무 많은 것이 문제라면 문제다. 한 분야에서 획을 그은 사람들이었다. 자신의 노하우를 아낌없이 적어 놓았다. 그들의 삶을 통해 성공하는 방법과 삶의 지혜를 배울 수 있었다. 실패는 가급적 피해야 한다. 한 번의 실패는 어렵게 모은 돈을 날려버릴 수 있다. 소중한 시간을 낭비하게 된다. 책은 지름길을 안내한다. 앞서 길을 걸었던 사람들의 경험을 통해 성공 확률을 높여갈 수 있다. 아무도 알려주지 않는 노하우를 책을 통해 배울 수 있다. 더군다나 아주 쉽고 싸게 만날 수 있다. 15,000원이면 세상에 유명한 사람은 다 만나볼 수 있다.

내게 퇴근만 하면 어디를 그렇게 가느냐고 묻는다. 저녁 회식에 참석하지 않기 때문이다. 더군다나 야근은 가뭄에 콩 나듯 한다. 내게 퇴근 후의 삶은 시간당 30만 원의 값어치를 매겨놓았다. 30만 원을 벌 수 있는 곳이 아니라면 가급적 가지 않는다. 오해는 마시

라. 소중한 친구를 만나는 것은 30만 원 그 이상의 가치가 있다. 공짜 회식에 참석하지 않고 하는 일이 있다. 카페에 가는 것이다. 커피 한 잔을 시켜놓고 책을 읽는다. 이제는 너무나 당연한 일상이 된 일이다.

생존으로 시작한 일이 독서였다. 재미로 책을 읽지 않았다. 처음에는 재미가 없었다. 지루하기 짝이 없는 일이었다. 그럼에도 읽었다. 생존을 위해서였다. 결핍을 채워야 했다. 바구니는 있는데 바구니를 채울 곡식이 없지 않은가. 책으로 빈곳을 채워나갔다. 이제는 하루라도 책을 읽지 않으면 어색하다. 불안감마저 든다. 누군가에겐 특별한 일이 내 삶에는 당연한 일이 되었다. 생존이었기 때문이다.

생존을 위해 한 것이 또 있다. 삼수를 할 때다. 온종일 의자에만 앉아 있었다. 아침 8시부터 저녁 10시까지 책상에만 있었다. 마지막 기회였다. 더는 공부할 돈이 없었다. 4수는 死(죽을 사)수였다. 자칫하면 이도저도 없이 군대에 가야 할 형편이었다. 배수진을 쳤으니 더 이상 물러날 곳도 없었다. 공부 말고는 할 것이 없었다. 친구들이 PC방에 갈 때도 나는 공부만 했다. 주말도 따로 없었다. 오히려 더 많은 시간을 공부할 수 있는 기회였다. 주말에도 학원에 나갔다. 그러다 얻은 병이 허리통증이다. 그냥 통증이 아니다. 잠시도 자리에 앉을 수 없었다. 공부는커녕 일상생활이 불가능할 정도였다. 30분 이상 공부를 하면 극심한 통증이 몰려왔다. 오전은 그나마 버틸 만하다. 오후에는 누워 있어도 통증이 있을 정도였다. 치료할 방법이 없었다. 병원에서도 딱히 할 수 있는 것이 없었다.

걷기 시작했다. 수능을 100일 정도 남긴 시점이었다. 하루에 두 번, 30분씩 걸었다. 수험생에게 하루 1시간은 엄청난 시간이다. 그럼에도 점심과 저녁시간을 이용해서 걸었다. 살기 위해 걸었다. 틈틈이 복근운동도 했다. 코어 근육을 강화해야 한다고 했기에 윗몸 일으키기를 했다. 다행히 학원 근처에 공원이 있었다. 산책하기 좋은 코스였다. 인적도 드물고 상쾌한 공기는 덤이다. 예외는 없었다. 하루도 빼놓지 않고 걸었다. 비가 와도 우산을 들고 나갔다. 생존이 걸렸기 때문이다.

허리가 아픈 사람들은 잘 안다. 그 엄청난 고통을. 정신적으로 피폐해진다. 일상생활을 할 수 없기 때문이다. 지금도 조금만 무리를 하면 허리부터 아프다. 한 번 다친 부위는 예전의 완벽한 상태로 돌아가기 어렵다. 덕분에 운동의 소중함을 알게 되었다. 이제는 잘 안다. 아프기 전의 느낌을. 허리에서 뇌로 신호를 보내준다. 일종의 경고 신호다.

'더 이상 운동을 하지 않으면 허리가 몹시 아플 겁니다!'

느낌으로 안다. 데드리프트와 윗몸일으키기를 해야 할 시기다. 걷기도 빼놓지 않는다. 반듯하고 꼿꼿한 자세로 걸으면 운동효과가 배가된다. 가볍게 뛰는 것은 더 좋다. 운동을 통해 허리 근육이 움직이게 된다. 뭉치고 긴장된 근육들이 풀어진다. 약해진 근육은 강화

되며 척추를 지탱할 수 있는 힘이 길러진다. 운동의 신기한 효과다.

요즘 설레는 목표 한 가지가 있다. 몸짱이 되어 프로필 사진을 찍는 것이다. 연예인들만 멋진 몸매를 가꾸는 시대는 지났다. 평범한 사람들이 모델이 될 수 있다. 남들에게 자랑하기 위함은 아니다. 나의 노력을 스스로에게 증명하는 것이다. 몸짱은 노력 없이 만들어질 수 없다. 스스로와의 싸움이다. 적절한 운동과 건강한 음식을 섭취해야 한다. 적당한 휴식과 건전한 정신도 필요하다. 이런 노력의 결과물이 내 몸이다. 6개월이 되든 1년이 되든 멋지고 당당한 모습으로 프로필 사진을 찍을 것이다. 그리고 그 몸매를 평생 유지해 나갈 것이다.

자기계발도 몸이 허락하지 않으면 할 수 없다. 아프면 아무것도 하지 못 한다. 지독한 감기에 걸렸을 때 누워서 쉬는 것 말고 무엇을 할 수 있는가. 생각해보면 답은 뻔하다. 건강해야 뭐든지 할 수 있다. 아무리 돈이 많아도 건강하지 못 하면 여행조차 갈 수 없지 않은가.

자기계발의 첫 번째는 건강한 몸을 만드는 것이다. 몸짱은 차치하더라도 건강한 몸은 필수다. 건강한 몸은 습관에서 비롯된다. 매일 조금씩이라도 걸어야 한다. 반듯한 자세로 엉덩이와 허리에 힘을 주고 10분 걷는 것은 대충대충 30분 걷는 것보다 훨씬 더 큰 효과를 낸다. 시간이 문제가 아니다. 시간이 없다는 것은 핑계다. 시간이 없다고 하면서도 TV는 보고 밥은 잘 먹더라. 결국 자신의 의지와 행동으로 옮기는 실천에 답이 있다.

모두 생존을 위해 시작한 일이었다.
독서와 운동은 이제 내 삶이 되었다.
처음이 어렵다. 하다보면 습관처럼 편안해진다.

일단 한 번만 해보라.
단 한 번이라도 해보라.

종이 한 장의 위력

꿈과 목표를 적은 종이 한 장의 위력은 어마어마하다.
행동과 실천으로 이 사실을 증명해보면 어떨까.

만고불변의 진리가 있다. '만유인력의 법칙'이다.

질량이 있는 모든 물체는 다른 물체를 끌어당기며,
그 힘은 물체들의 질량의 곱에 비례하고
그 사이의 거리의 제곱에 반비례한다.

그 누구도 뉴턴이 발견한 이 법칙에 반기를 드는 사람이 없다.
과학적으로 증명되었기 때문이다.

이 법칙 때문에 세상에 진보가 있었다. 행성의 가속도를 구할 수
있고, 이를 통해 행성의 궤도가 타원형임을 증명할 수 있었다. 달의

움직임을 정확히 예측할 수 있고 덕분에 달 위에 사람의 발자국을 남겼다. 지금은 우주로 발사한 로켓이 지구로 되돌아오며, 사람 없이도 자동차가 운전하는 세상이 되었다. 뉴턴 덕분이다.

'만유인력의 법칙'이 처음 세상에 나왔을 때 사람들은 말도 되지 않는다고 비난했다. 어떻게 멀리 떨어진 물체가 서로에게 힘을 주고받는 것인지 이해하지 못 했다. 눈으로 볼 수 없는 일이었기 때문이다. 그도 그럴 것이 사람들은 제 눈으로 보는 것만 믿는다. 볼 수 없는 것을 믿는 것은 어려운 일이다. 예나 지금이나 마찬가지다.

지금은 어떤가. 그 누구도 '만유인력의 법칙'에 반기를 드는 사람이 없다. 수많은 세월이 흐르며 이 법칙은 또 다른 사람들에 의해 증명되었다. 이제는 뉴턴 없이는 아무것도 할 수 없는 시대가 되었다. 서로 떨어진 물체가 상호작용하는 힘을 눈으로 볼 수는 없지만, 사람들은 이 힘이 존재함을 믿는다.

또 하나의 중요한 법칙이 있다. '생각의 법칙'이다. 처음 《시크릿》이라는 책을 읽고 이것이 무슨 황당한 소리인가 했었다. 원하는 대로 생각하면 원하는 그대로 이루어진다는 내용이었다. 《시크릿》과 비슷한 책이 있다. 이지성 작가가 쓴 《꿈꾸는 다락방》이다. 이 책도 생각하는 그대로 바라는 결과를 얻게 될 것이라고 했다.

이런 부류의 책을 처음 접했을 때는 허황된 소리로만 들렸다. 공상과학 영화에나 나올 법한 황당한 이야기였다. 터무니없는 소리였다. 내 삶과는 전혀 상관없는 말이라고 생각했다. 문제는 성공에 관한 책을 지속적으로 읽다보니 생겨났다. 읽는 책마다 생각이 성공을 만든다고 했다. 하나 같이 같은 목소리였다. 외국 책이든 한국 책이든, 옛날이야기든 신간이든, 성공한 사람들은 생각을 통해 놀라운 업적을 이루어냈다고 했다.

그럼에도 '생각의 법칙'이 옳다고 이야기 하는 사람들을 보면 마치 광신도 같이 보였다. 눈에 보이지도 않는 하나님이 있다고 하는 것 같았다. 하나님의 이야기를 들었다고 하는 사람들, 하나님이 길을 인도해주고 구원을 주었다는 이야기는 교회에 다니지 않는 사람에게는 말도 안 되는 일처럼 보인다.

'하나님이 있다면 지금 내 눈 앞에 하나님을 보여줘!'

'거봐? 못 보여주지? 그러니까 그건 거짓말이야!'

하나님은 눈으로 볼 수 없다. 맞다. 지금 나의 능력으로 당신의 눈앞에 하나님을 뿅 하고 나타나게 할 수는 없다. 다만 하나님의 은혜를 체험한 경험은 들려줄 수 있다. 셀 수 없이 많은 사람들의 사례가 있다. 이런 경험을 다른 사람들과 함께 나누는 것을 '간증'이라고 한다. 자신의 체험을 다른 사람들과 공유하는 것이다. 그들이 하나 같이 하는 이야기가 있다. 하나님께 기도를 했더니 하나님이 길을 인도하였다고 한다. 이 모든 성취는 하나님의 은혜라고 한다. 주변에서 심심찮게 들어볼 수 있는 이야기다.

여기서 고민이 생긴다. 하나님은 분명 눈으로 볼 수 없는데, 하나님의 은혜로 이룩한 성취는 눈으로 볼 수 있다. 그렇다면 어느 쪽을 믿어야 할까. 눈으로 볼 수 없으니 허구라고 해야 할까. 아니면 볼 수는 없지만 그들이 하는 말을 믿을 것인가.

나는 불자였다. 절에 열심히 다녔다. 우연한 기회에 미국으로 공부를 하러 갔다. 5개월 정도, 찰나의 시간이었다. 경험삼아 교회에 갔다. 미국의 문화를 접하기 위해, 한국인 친구들을 만나기 위해 한인교회에 나갔다. 그리고 하나님의 존재 유무와 관계없이 기도를 했다. 매일 3장씩 성경을 읽었다. 공부하는 셈 쳤다. 일종의 독서라고 생각했다. 밑져야 본전이었다. 손해 보는 것이 없었다. 기껏 해봐야 하루에 10분 남짓의 시간만 투자하면 되었다.

놀라운 일은 그 뒤로 연이어 생겨났다. 기도한 그대로 이루어지기 시작한 것이다. LA에서 가장 유명한 레스토랑에서 일을 해보기도 하고, 매주 1,000km의 거리를 운전하고도 사고 한 번 없이 잘 다녔다. 너무나 좋은 사람들을 많이 만났고 타지에서의 불편함과 외로움 하나 없이 즐겁게 지냈다. 한국으로 돌아와서는 아내를 만났다. 지금은 이렇게 글도 쓰고 강의를 한다. 나의 책을 읽고 삶이 변했다는 독자들이 있다. 나의 강의를 듣고 삶에 희망을 찾았다는 팬들이 존재한다. 이것들이 하나님의 은혜다.

눈에 보이지 않는 것을 믿고 실천해본 결과다. '생각의 법칙'도 마찬가지다. 생각이 성공으로 이끈다는 말을 믿고 실천해보면 된다. 그것이 소용없거나 허구라는 결론은 행동으로 옮겨본 뒤에 해도 늦지 않다. 손해가 없다. 오히려 좋은 경험이 된다. 문제는 해보지도 않고 지레 짐작하는 것이다.

'그거? 별거 없어. 뻔해.'

해보지도 않고 하는 말이다.

성공한 사람들은 '생각의 법칙'을 실천으로 옮긴 사람들이다. 너무나 많은 예가 있어 일일이 나열하지 않아도 된다. 어떤 책이든 펼쳐보면 '생각의 법칙' 이야기가 나온다.

'생각의 법칙'을 가속화 시켜주는 방법이 있다. 바로 생각을 종이에 쓰는 일이다. 생각만으로도 꿈과 목표에 가까이 갈 수 있지만, 생각을 종이에 쓰면 더 빨리 꿈과 목표를 성취할 수 있다. 나와 같은 보통의 사람들은 '생각의 법칙'을 지속시켜 주는 힘이 약하다. 며칠 시도해보다가 이내 포기하고 만다. '생각의 법칙'은 하루 이틀해서 효과를 보는 것이 아니기 때문이다. 짧게는 몇 달에서 길게는 몇 년 동안 지속해야 큰 힘을 발휘한다. 때문에 중간에 포기하는 사람들이 생겨난다.

종이에 자신의 생각을 기록하는 일, 즉 꿈과 목표를 종이에 쓰는 것은 생각이 지속될 수 있도록 도와준다. 여러 연구에서도 종이에 쓰는 행위의 힘을 밝힌 결과들이 있다. 종이에 손으로 쓰는 것과 컴퓨터나 휴대폰에 글자를 입력하는 것 사이에 큰 차이가 있음을 증명해놓았다. 같은 내용이라도 손으로 종이에 기록하는 것이 더 오랜 시간 기억된다.

기록은 체계적으로 하는 것이 좋다. 이것을 시스템이라고 한다. 시스템의 조건 세 가지가 있다. 첫째, 시스템은 누구나 쉽게 할 수 있어야 한다. 둘째, 시스템은 언제 어디서든 할 수 있어야 한다. 셋째, 이것을 통해서 성과가 나야 한다. 이 세 가지 조건이 갖추어 졌을 때 시스템이라고 할 수 있다. 나는 이것을 종이 한 장으로 할 수 있도록 체계화시켜 놓았다. 바로 인생 정렬(Life Alignment)이다.

인생 정렬(Life Alignment)에는 살아가는 이유(Mission)와 그것을 이룰 방법(Vision), 나의 꿈(Life Project List), 꿈을 이룰 올해의 목표(Yearly Project List), 올해 꿈을 이룰 이번 주의 목표(Weekly Project List)와 오늘의 목표(Daily Project List)까지 적을 수 있도록 체계를 마련해 놓았다. 종이 한 장을 주머니에 넣고 다니며 언제 어디서든 기록할 수 있다. 누구나 성공으로 쉽게 갈 수 있는 징검다리 역할을 인생 정렬(Life Alignment)이 하는 것이다. 또한 누구나 자신의 삶에 맞게 수정할 수 있도록 원본 파일도 제공한다.

종이에 자신의 꿈과 목표를 기록하는 것은 정말 간단하지만 아무나 하지 않는 일이다. 종이에 무엇인가 적는다고 해서 즉각적으로 보상을 받는 것이 아니기 때문이다. '만유인력의 법칙'처럼 눈에 보이지 않는다. '생각의 법칙'처럼 허황되게 들릴지도 모른다. 그러나 많은 사람들이 증명해 놓았다. 그들의 경험을 믿어보자. 종이에 꿈과 목표를 적으면 원하는 바를 얻는다. 분명한 사실이다. 내가 실천하지 않아 경험하지 못 했을 뿐이다.

꿈과 목표를 적은 종이 한 장의 위력은 어마어마하다.

이제 나의 행동과 실천으로 이 사실을 증명해보면 어떨까.

핵심은 행동이다

누구나 할 수 있는 일이지만 아무나 실천으로 옮기지 않는다.
실천으로 옮기는 사람만이 특별한 사람이 될 수 있다.

　한동안 새벽기도에 참석하지 못 했다. 한동안이라 했지만 사실
은 일 년도 훨씬 지난 일이다. 새벽에 일어나는 일은 생각보다 유혹
이 많다. 일단 알람이 전혀 들리지 않는다. 알람을 듣는 것만으로도
기적이다. 기적같이 알람을 들었다 치더라도 피곤함의 무게가 온
몸을 이불속으로 몰아넣는다. 피곤을 넘어 고통으로 다가온다. 지
금 일어나면 몸살이라도 날 것만 같다. 겨우겨우 몸을 일으킨다고
해도 또 다른 유혹이 기다리고 있다. 내일의 유혹이다.
　'내일부터 가야지.'
　'오늘까지만 쉬고 진짜 내일부터는 꼭 갈 거야!'
　새벽기도에 다시 가야겠다고 생각한 이유가 있었다. 아침 시간

을 보다 가치 있게 사용하고 싶어서다. 새벽에 일어나는 것은 단순히 잠에서 깬 것 이상의 의미가 있다. 첫째는 하루를 성취로 시작할 수 있다. 내가 목표하고 계획한 시간에 일어나는 것은 놀랍도록 큰 성취가 있다. 특히 세상사람 모두가 잠에 푹 빠져 있을 때 생산적인 일을 하고 있노라면 세상 모두를 가진 것과 같은 느낌이 든다.

둘째로 새벽의 2시간을 굉장한 성과로 보낼 수 있다. 출근 시간은 정해져있다. 8시 30분이다. 대개는 출근시간에 맞추어 7시에 겨우 눈을 뜨고 출근 준비를 한다. 업무 시작 5분 전에 사무실에 헐레벌떡 도착하여 분주하게 하루를 시작한다. 반면 새벽에 일어나면 무엇인가 할 수 있는 여유가 생긴다. 책을 읽고 운동을 하며 기도를 할 수 있다. 영어 공부도 가능하다. 퇴근 후와는 질적으로 다른 시간이다. 아무도 방해하는 사람이 없다. 회식도 없고 급작스런 약속도 없다. 선물과 같은 2시간이 매일 생긴다.

셋째로 상상 이상의 선물을 받을 수 있다. 아내를 만난 것은 새벽기도에 100일간 꾸준히 나갔기 때문이다. 하루를 기도로 시작했다. 하나님께 내가 원하는 바를 소리 내어 외쳤다. 꿈과 목표를 말했다. 그 중에 하나가 예쁜 아내를 만나게 해달라는 것이었다. 얼굴과 몸매와 마음이 예쁜 여자를 만나게 해달라고 기도했다. 그랬더니 놀랍게도 이상형의 그 여자를 독서토론 모임에서 만날 수 있었다. 새벽기도의 놀라운 힘이다.

문제는 새벽에 일어나기 힘들다는 것이다. 웬만한 각오로는 쉽지 않다. 도전해본 사람들은 다 안다. 단순히 결심만으로는 이루기 어렵다는 것을.

새벽에 일어나 하루를 시작하는 것은 목표이다. 목표는 행동으로 옮겨야 성과가 나타난다. 생각만 한다고 해서 저절로 성과가 나는 것은 아니다. 자기계발서가 필요 없다고 말하는 사람이 지적하는 부분이다. 사람들에게 헛된 희망만 불러일으킨다고 말한다. 맞는 이야기다. 행동으로 옮기지 않으면 헛된 희망일 뿐이다.

새벽에 일어나겠다는 목표를 품은 지 꽤나 오랜 시간이 흘렀다. 물론 가끔은 새벽에 일어났다. 그럼에도 지속력이 없었다. 100일간 매일 새벽에 조깅을 한 적이 있었다. 그마저도 100일이 지나니 흐지부지 되었다. 물론 100일 동안 한 것은 엄청난 일이지만 지속력이 부족했다. 평생을 한결같이 할 수 있는 방법이 필요했다.

다시 새벽기도에 가기로 했다. 이번에는 아내도 합세했다. 동반자가 생겼다. 같은 목표를 함께 이루어갈 동반자 말이다. 아내도 한때는 새벽 4시에 일어났던 사람이다. 지금도 그때의 이야기를 들려주곤 한다. 어떻게 그런 힘이 생겼는지 모르겠다고 한다. 어쨌든 그런 사람이 함께하니 든든하다. 또 주변 사람들에게도 알렸다.

잠들기 전에 아내와 기도를 했다. 내일 새벽 4시 50분에 너무나 상쾌한 기분으로 잠에서 일어날 수 있도록 기도했다. 반신반의하는 마음으로 잠에 들었다. 눈을 뜨니 4시 53분. 놀랍게도 5시 전에 일어났다. 그것도 굉장히 상쾌한 기분으로. 놀라운 일이었다. 일 년 이상을 실패했는데, 하루 만에 성공한 것이다.

행동은 목표를 이루기 위한 방아쇠와 같다. 방아쇠를 당기지 않으면 총알은 발사되지 않는다. 표적을 맞추려면 방아쇠를 당겨야 한다. 총알은 저절로 날아가는 법이 없다. 목표는 행동을 하기 위한 전 단계이다. 목표는 행동을 했을 때 비로소 의미가 있다. 새벽에 일어나겠다는 목표는 새벽에 일어나기 전까지는 목표에 불과하다. 행동으로 옮겨야 목표는 살아 숨쉬기 시작한다.

턱걸이를 하고 있었다. 할 수 있는 데까지 해보자는 마음으로 철봉에 매달렸다. 목표는 단순히 턱걸이를 하는 것이었다. 우연히 철봉 뒤편에 붙은 계획표가 보였다. '미 해병대식 턱걸이 훈련법'이었다. 총 38주에 걸쳐 훈련하는 방법이다. 첫 주에는 6개로 시작해 마지막 주에는 31개까지 할 수 있는 훈련법이다. 뒤통수를 한 대 후려 맞는 기분이었다. 나는 그저 '턱걸이를 해야지'라는 단순한 목표만 가지고 있었던 것이다. 최종 목적지 없이 운전대를 잡고 고속도로에 진입한 자동차 같았다.

목표는 구체적이어야 한다.

'턱걸이를 해야지.'가 아니다.

'턱걸이 30개를 할 거야.' 이것이 목표다.

그리고 계획을 세운다.

'매주 2회 턱걸이를 하겠다. 방법은 미 해병대식 턱걸이 루틴을 따르겠다.'

마지막은 행동으로 옮기는 것이다.

내 삶을 바꾼 것은 꿈과 목표를 종이에 적는 것에서 시작했다. 그리고 목표를 이루기 위해 실천했다. 행동을 했기에 변화가 일어났다. 원인 없는 결과는 없다. 콩 심은데 콩 나고 팥 심은데 팥 난다. 아무것도 하지 않는 데 거대한 일이 벌어질 리 없다.

세상에 선한 영향력을 전달하는 삶을 살고 싶다. 이것은 꿈이다. 꿈을 이룰 방법을 정한다. 책을 쓰고 강의를 하기로 했다. 이것은 목표다. 즉, 꿈을 이루기 위한 계획이다. 그 실천으로 2018년에 처음 글을 썼다. 책 쓰기 강의에 등록하고 글 쓰는 방법을 배웠다. 지난 10년의 성장 이야기를 첫 번째 책에 담았다. 책을 쓰는 것은 굉장히 고통스러운 일이었다. 한 번도 해보지 않은 일이다. 무엇보다 글로써 메시지를 전달하는 것은 여간 쉬운 일이 아니었다. 그럼에도 매일 3시간 이상을 글쓰기에 할애했다. 새벽 4시 30분에 일어나 글을 썼다. 첫 번째 책 《평범한 사람이 특별해지는 방법》은 실천이 있었기에 세상에 나왔다.

신기한 것은 책이 출판된 뒤로 독자들의 연락을 받을 때다.

"작가님의 책을 읽고 제 삶에 희망을 찾았습니다."

"작가님을 만나고 더 많이 배우고 싶습니다."

책을 쓰고 작가가 되는 것은 꿈이었다. 내가 책을 쓴 작가가 된다는 것은 상상 속에나 존재하는 일이었다. 책을 쓴 작가는 나와는 너무 다른 거대한 사람들처럼 보였다. 그러나 이제는 현실이다. 내가 이뤄낸 일이다. 그것은 꿈을 이루기 위한 구체적인 목표를 세우고 행동으로 옮겼기에 가능한 일이었다. 내가 특별한 사람이어서 할 수 있었던 일이 아니다. 누구나 할 수 있는 일이지만 아무나 실천으로 옮기지 않는다. 실천으로 옮기는 사람만이 특별한 사람이 될 수 있다. 세상은 행동한 사람들의 노력으로 바뀌어 간다. 행동은 변화의 시작이다.

평범하다 못 해 밑바닥 인생이었다. 가난과 열등감에 쌓여 있던 내 삶이 송두리째 바뀌었다. 부모님의 이혼으로 인한 열등감, 그와 동시에 찾아온 가난, 연달아 대학입시에 실패하기도 했다. 세 번 만에 겨우 대학에 들어갔다. 남들이 선망하던 대학인 교대에 들어갔으나 삶은 전혀 만족스럽지 않았다. 교사가 되는 것이 내 꿈은 아니었다. 꿈은 아니지만 현실에 순응하듯 임용고시 공부를 했다. 그러다 또 시험에 떨어졌다. 어쩔 수 없이 도망가듯 군대에 왔다. 군대에서 만난 한 권의 책으로 인해 인생이 바뀌었다. 《성공을 바인딩하라》는 내 인생에서 빼놓을 수 없는 소중한 보물이다.

이 책의 메시지는 간단하다. 꿈과 목표를 종이에 쓰라고 했다. 성공하는 사람들의 공통적인 방법이라고 해서 무작정 따라했다. 그때부터 종이에 꿈과 목표를 적기 시작했다. 시간이 지나 자연스럽게 나만의 방법이 생겨났다. 스스로 양식을 만들어 꿈과 목표를 적었다. 그로부터 10년이 흘렀다. 이제 완전한 습관이 되었다. 종이에 꿈과 목표를 적지 않으면 오히려 어색하다.

종이에 꿈과 목표를 적는 것은 사실 사소한 습관이다. 사소한 일을 포기하지 않고 10년째 실천하고 있다. 그 덕분에 지금의 내가 될 수 있었다.

　첫 번째 책이 출간된 이후로 강의 요청을 자주 받았다. 여기저기 강의를 다니다 보면 생각보다 많은 사람들이 결핍을 가지고 있음을 알게 된다. 나는 내 삶이 최고로 불행했다고 생각했다. 사람들을 만나다 보니 같은 처지에 있는 사람들이 꽤 많았다. 그들 중에 성장을 원하는 사람도 많다는 것을 알게 되었다. 다만 방법을 몰라 어떻게 해야 할지 갈피를 못 잡고 있었다.

　내 역할은 명확하다. 메신저(Messenger)다. 1인 사업가의 바이블로 칭송받는 《백만장자 메신저》에서 저자인 브렌든 버처드(Brendon Burchard)는 이렇게 말한다.

　"메신저는 자신의 경험과 지식을 메시지로 만들어 다른 이들에게 전달하는 사람이다. 다른 사람들에게 조언을 제공하고 그 대가를 받는 사람이다. 좋은 부모 되는 법, 사업 시작하는 법, 직장에서 성공하는 법 등 다양한 주제에 대한 실천적인 조언을 해주는 사람이다."

강의 덕분에 만난 사람들과 이야기하며 깨달은 점이 있다. 아무리 좋은 도구라도 사용자가 쓰기 어렵다면 좋은 도구가 아니라는 것이다. 내가 쓰던 바인더도 마찬가지다. 정말 좋은 도구이지만 누구나 사용하기는 어렵다. 일단 진입장벽이 높다. 바인더를 들고 다녀야 하는 부담감, 바인더 내용물을 구성해야 하는 어려움이 뒤따른다.

독자들과 소통하며 사람들이 쉽게 접근하지 못 하는 부분을 발견할 수 있었다. 어떻게 하면 누구나 쉽게 사용할 수 있을까 생각했다. 남녀노소 가리지 않고 쉽고 간편하게 자신의 삶을 바꿀 수 있는 방법을 연구했다. 그 결과 인생 정렬(Life Alignment)이 세상에 나왔다.

인생 정렬(Life Alignment)은 누구나 사용할 수 있도록 인터넷에 올려놓았다. 카피레프트(Copy Left)를 추구한다. 네이버 카페《평범한 사람이 특별해지는 방법》에 들어가면 누구나 다운로드 받을 수 있다. 자신의 필요에 따라 편집이 가능하도록 원본 파일까지 공개해 놓았다. 마음만 먹으면 종이 한 장에 꿈과 목표를 체계적으로 적을 수 있다.

종이에 꿈과 목표를 쓴 다음 할 일이 있다. 행동하는 것이다. 아무리 좋은 계획도 실천하지 않으면 소용없다. 다이어트 계획을 아무리 세워본들 운동을 하지 않고 건강한 몸을 만드는 것은 불가능하다. 방학만 되면 만들었던 하루 일과표도 실천하지 않으면 종이에 그림 그려놓은 것과 다를 바 없다.

인생 정렬(Life Alignment)이 도와줄 수 있는 것은 꿈을 적고 그 꿈을 이룰 목표를 설정하는 것까지다. 목표가 세워졌으면 행동으로 옮겨야 한다. 행동은 꿈을 현실로 만드는 유일한 방법이다.

요즘 주변에서 너나없이 유튜버가 되겠다고 한다. 유튜버가 되겠다고 소리치는 사람은 많아도 실행에 옮기는 사람은 소수다. 유튜버가 되는 유일한 방법은 영상을 찍고 편집하여 인터넷에 올리는 것이다. 이것 말고는 방법이 없다. 종이에 쓴 계획만으로 이루어지지 않는다. 이 책이 나올 수 있는 것도 같은 이유다. 두 번째 책을 쓰겠다는 목표를 행동으로 옮겼기 때문에 독자의 손에 책이 있는 것이다.

나의 꿈 중에 한 가지는 사람들에게 선한 영향력을 전하는 베스트셀러 작가가 되는 것이다. 이 꿈을 이루기 위한 목표는 매년 최소한 권의 책을 쓰는 것이다. 그런데 막상 책을 쓰려면 어떻게 시작해야 할지 막막하다. 한 번도 해본 적 없는 일이기 때문이다. 그런데 방법은 생각보다 쉬운 데 있었다.

얼마 전 자동차의 왼쪽 전조등의 불이 들어오지 않았다. 어떻게 해야 할지 막막해서 인터넷에 검색을 했다. 누군가가 친절하게 전조등의 전구를 갈아 끼우는 법을 설명해 놓은 동영상을 올려놓았다. 영상을 보고 전구를 구매하여 새것으로 갈아 끼웠다. 이처럼 목표를 향한 길에 장애물이 나타나면 헤쳐나갈 방법을 공부하면 된다.

책 쓰기도 마찬가지다. 책을 어떻게 써야 할지 모른다면 공부하면 된다. 인터넷도 있고, 책도 있고, 강의도 있다. 책을 먼저 쓴 작가에게 물어봐도 된다. 누군가는 거쳐 온 길이다. 나도 그 방법만 배우면 할 수 있다.

누구나 자신의 삶을 특별하게 만들 수 있다.

첫째, 종이에 꿈과 목표를 쓴다.

둘째, 목표를 성취하기 위한 행동을 한다.

그리고 끊임없이 공부한다. 꿈과 목표를 이루기 위해서.

이제 당신의 차례다.